Zu diesem Buch

Aktuelle Auseinandersetzungen, Denkanstöße und Fragen, Lese- und Sprechtexte, Gebrauchstexte und Gebete: Es kommt alles aus dem Bemühen, im täglichen Gerede die Kraft und den Glanz des Wortes neu zu entdecken. Die Beiträge führen von dem, was heute zu tun und zu ändern ist, hin zu dem, was wir im Glauben erhoffen dürfen. So spiegeln sie jene dialektische Spannung, die Christsein bis zur Zerreißprobe kennzeichnet: zwischen der Welt wie wir sie vorfinden, und der Herausforderung Christi, der diese Welt auf Gottes Reich hin erneuern will.

„Lothar Zenetti. Großstadtpfarrer aus Frankfurt mit allem Drum und Dran. Ein Schreiber, der den Fragen nicht ausweicht, der nach Lösungen Ausschau hält, Auswege nicht nur sucht, sondern auf Risiko hin probiert."
Kurt-Martin Magiera im Ruhrwort

„Handlich und praktisch, eine Sammlung von modernen Texten, die Anregungen zur Meditation und zum Beten sein wollen — und weithin auch sind. Zenetti provoziert und wirft die Frage nach dem ‚Christsein heute' auf. Man muß dem Autor dankbar sein, daß er diese Herausforderung gewagt hat."
Diakonia/Der Seelsorger

„Dieses Buch packt an — packt zu. Trifft. Macht betroffen. Eine Hilfe zur Gestaltung unserer Gottesdienste. Für engagierte Gemeinden, die sich auch selbst auf ihre Ehrlichkeit überprüfen, nicht nur Strukturen des anderen ändern wollen."
Elemente

Lothar Zenetti

Texte
der Zuversicht

Für den einzelnen und die Gemeinde

Verlag J. Pfeiffer · München

Mitglied der »verlagsgruppe engagement«

5. Auflage 1981
15.–18. Tausend

Nr. 105
PFEIFFER-WERKBÜCHER
herausgegeben von
OTTO BETZ

Mit kirchlicher Druckerlaubnis
München, 25. X. 1971   GV Nr. 7899/4/71
Dr. Gerhard Gruber
Generalvikar

Alle Rechte vorbehalten!
Printed in Germany
Druck: G. J. Manz AG, Dillingen/Donau
Umschlagentwurf: Wolfgang Taube
© Verlag J. Pfeiffer, München 1972

ISBN 3–7904–0058–0

VORWORT

In diesem Buch sind Versuche gesammelt, aus verschiedensten Anlässen das Wort zu finden. Es sind alltägliche Beobachtungen dabei, Bemerkungen und Fragen, An-Deutungen und Denkanstöße. Daneben Versuche, das Wort beim Wort zu nehmen, aufmerksam zu werden für das, was die Sprache uns vorsinnt. Auch einiges an der Grenze der Lyrik. Das mag man nachdenklich lesen. Als Meditation, vielleicht als Gebet. Anderes ist eher für lautes Sprechen geschrieben, es will vorgetragen, ausgerufen werden. Einige Texte sind anläßlich von Liederwerkstatt-Arbeit entstanden, gemacht, um darauf zu singen. Auch wenn das als Gemeindelied und gar in gleichem Metrum und Reim daherkommt — man muß es nicht leiern. Eine Reihe von Texten wurde schon vertont. Wenn sich weiteres als zum Singen geeignet erwiese, sollte es mich freuen. So unterschiedlich das alles dem Anlaß und der Zielsetzung, auch der Form und Qualität nach sein mag — es kommt doch aus dem Bemühen, im täglichen und zumal sonntäglichen Gerede den Glanz und die Kraft des Wortes zu entdecken. Womöglich sogar den, der selbst „das Wort" genannt wird.

Die Texte sind so geordnet, daß eine Anzahl zeitkritischer Beiträge den Ausgangspunkt bildet. Sie provozieren die Frage nach dem Christsein heute. Daraus folgen mancherlei ernste und ironische Auseinandersetzungen. Den letzten Teil der Sammlung bilden Texte, die Hoffnung und Glaubenszuversicht auszusprechen versuchen. In etwa geht das Buch also einen Weg von dem, was wir tun und ändern müssen, hin zu dem, was wir erhoffen und im Glauben erwarten dürfen. Doch stehen die Texte des Anfangs wie des Endes in Zusammenhang. Sie beziehen sich aufeinander und stellen sich gegenseitig in Frage. So entsprechen sie jener Spannung, die Christsein heute bis zur Zerreißprobe kennzeichnet: zwischen der Welt, wie sie ist, und der Herausforderung Christi, der diese Welt auf das Reich Gottes hin verändern will. Diese Spannung zwischen gestern, heute und morgen und darum irgendwie auch zwischen konservativ und progressiv, rechts und links kennzeichnet auch die Beiträge dieses Buches.

Selten waren die Entwicklungen so im Fluß, selten war man sich der Vorläufigkeit und Unzulänglichkeit aller Einsichten und Formulierungen so sehr bewußt. Also eine Art Zwischenbescheid, unterwegs versucht. Nicht auf dem sogenannten goldenen Mittelweg. Eher auf dem Weg von Jerusalem nach Jericho, wo einer unter Räuber geriet. Oder auf jener Straße, die nach Emmaus führt und von da zurück.

Nicht wenige, auch unter den Christen (die es anders wissen sollten), scheuen diese anstrengende dialektische Spannung zwischen hier und dort, schon und noch nicht, mit all den Differenzierungen, die das abverlangt. Sie möchten lieber glatte, eindeutige Positionen: dafür oder dagegen, rechts oder links, entweder — oder. Da reichen denn schon einfachste Kriterien aus, um etwas als fortschrittlich oder rückständig zu etikettieren. In Sachen Christsein und Kirche zum Beispiel gilt derzeit spöttische Distanz als chic, und wer in die verbreitete Verständnislosigkeit den Geheimnissen des Glaubens gegenüber einstimmt, mag sich schon für einen kritischen Menschen halten. Wer umgekehrt von Gott oder Gnade spricht, setzt sich dem Gekicher aus, bestenfalls dem Vorwurf, Leerformeln zu leiern. Es ist aber schon ein Unterschied, ob einer unreflektiert sozusagen ‚noch' von Gott redet oder bewußt ‚schon wieder' das kaum ersetzbare Wort gebraucht.

Was ist heute überhaupt progressiv? Man kann ja kaum allen Ernstes auf revolutionsgebärdige Entwicklungsphasen und Beschwörungsformeln fixiert bleiben. Oder auf jene dürre Skepsis, die ein paar Jahre lang Pflichtübung war und in der sich manche vermutlich noch geraume Zeit sehr modern und aufgeklärt vorkommen. Der Glaube erweist sich hier neu in seiner emanzipatorischen Kraft, die aus den gängigen Denk- und Verhaltensklischees lockt und zu eigenen Wegen ermutigt. Man kann ja kaum anders, als gegen einen unbedarften Aktionismus besinnlich, gegen so viel Neuerungsfimmel beharrend, gegen das übliche Überbordwerfen zum Sammler und Liebhaber vergessener Kostbarkeiten zu werden. Das wird jedoch nicht dazu verleiten, sich den Immer-Gestrigen zuzugesellen und die borniert Unbeweglichkeit als solche zu unterstützen. Der bloße Rückfall, die Reaktion, der Ruf nach Ruhe und Ordnung — das sind nun wirklich keine Lösungen. Man kann sich den Fragestellungen unseres Jahrhunderts nicht entziehen.

Es mag schwierig und undankbar sein, zwischen den Gebetsmühlen der ‚schrecklichen Vereinfacher' von rechts und links die Dialektik des Weder-Noch und Sowohl-Als-Auch durchzuhalten, ohne dabei auf einen unverbindlichen Mittelkurs einzuschwenken. Jene Zeitansage der Heilsstunde aber, die den Christen aufgetragen ist, wird fast notwendig dem jeweils herrschenden Zeitgeschmack zuwider sein. Der letzte Schrei ist ohnehin nicht das letzte Wort. Das wird haben, der im Anfang das Wort war. Darum ist dieses Buch im letzten ein Buch der Zuversicht.

Zu wesentlichen Teilen verdanke ich es der Gemeinde St. Wendel in Frankfurt, in der ich immer wieder erfahren habe, daß Jesus Christus lebt.

Frankfurt/Main-Süd, Sommer 1971

Lothar Zenetti

schreiben und sagen
und singen im Lärm
wenn möglich
das Wort das Lied

mit dem abgegriffenen armen
mißbrauchten mißverständlichen
entleerten zerredeten Wort

beschreiben deuten was ist
beargwöhnen oder behaupten
reden dafür und dagegen

mit dem Wort dem Lied aus Papier
mit der Stimme aus Staub
vielleicht das Unsagbare sagen

schreiben und sagen
und singen im Lärm
wenn möglich
das Wort das Lied

Wie

Wozu

Was solls

Was ist das

Was bringt das

Das ist doch vorbei

Das ist nicht mehr drin

Das sagt uns nichts mehr

Das spricht mich nicht mehr an

Das kann man nicht mehr mitvollziehen

Damit kann heute keiner mehr was anfangen

Damit kann man sich unmöglich identifizieren

Kehrt um

denkt um

tut Buße

das Reich

Gottes

ist nahe

Die Tagesration
die mir zusteht an Hoffnung
hab ich gespart
ein Körnchen Wahrheit
hab ich gefunden
am Platz der Parolen

Heimlich öffne ich
die Luke am Dach
hebe die Hand und
locke verzweifelt
die Taube des Friedens
den heiligen Geist

Das Füttern von Tauben
ist strengstens verboten
es streut nur der Staat
sein vergiftetes Korn
Krankheitserreger
sagt die Regierung

Glühende Kohle wird zur Schlacke
die Milch bekommt eine Haut
das Blatt fällt vom Baum
das Eisen setzt Rost an
das Wasser verdunstet
das Brot wird trocken
der Schnee schmilzt
das Blut gerinnt

Gegen die Vergänglichkeit
singe ich Dir mein Lob
Ewiger

Während unseres Mittagessens

BITTE SELBST EINTRAGEN

Wenn dieses Buch
geschrieben wird
gilt es zu protestieren
gegen das, was in Ostpakistan geschieht

Wenn dieses Buch
gedruckt wird
gilt es zu protestieren
gegen . . .

Wenn dieses Buch
gelesen wird
gilt es zu protestieren
gegen . . .

Wenn dieses Buch
vergessen wird
gilt es zu protestieren
gegen . . .

ES IST NICHT SCHWER

Es ist nicht schwer, zum Guten anzuhalten
ganz allgemein
wer will sein Leben nicht ideal gestalten
ganz allgemein
doch nehmt 's genau und seht
das Gute ist konkret
und Gott ist im Detail
weil

Es ist nicht schwer, vom Frieden schön zu reden
ganz allgemein
es wäre fein, wenn jeder hülfe jedem
ganz allgemein
doch nehmt 's genau und seht
der Friede ist konkret
und Gott ist im Detail
weil

Es ist nicht schwer, die Bibel zu zitieren
ganz allgemein
mit Christentum das Dasein zu verzieren
ganz allgemein
doch nehmt 's genau und seht
der Glaube ist konkret
und Gott ist im Detail

UNTERSCHIED

Nach dem Boxkampf Liston—Clay
(neunzehnhundertvierundsechzig,
Wetten sieben zu eins, Clay gewann)
erklärte Chefarzt Dr. Robbins,
acht Ärzte hätten
eine dreieinhalbstündige
Röntgenuntersuchung vorgenommen,
um Listons linken Arm
zu überprüfen.

In Indonesien dagegen kommt
einer, ein einziger Arzt
auf siebzigtausend Menschen,
von denen freilich,
das ist zu berücksichtigen,
nur wenige boxen.

TRANSPORTPROBLEM

Während unseres Mittagessens
halbe Stunde am Sonntag
gemütlich am Familientisch
Gemüsesuppe und Kalbfleisch, gut durchgebraten
Soße, dazu Erbsen Karotten
greift doch zu, Kinder
es darf nichts übrigbleiben
(dann gibt's schönes Wetter, sagt man)
Bier dazu, nachher noch Trauben
Zigarette, versteht sich.

Während dessen
wie gesagt, so richtig gemütlich
sterben in Lateinamerika, also anderswo
dreißig Kinder unter vier Jahren
alle 56 Sekunden eins
und nicht nur am Sonntag, versteht sich
an Unterernährung.
Rafael Ramos, Spezialist für Kinderheilkunde in
Mexiko, stellte dies kürzlich fest.
Alle 56 Sekunden eins
scheußliche Sache das, aber nicht zu ändern,
Transportproblem vermutlich.

Was kann man tun?
Beten, heißt es.
28 Sekunden dauert ein Vaterunser
bleiben noch weitere 28, ehe das Kind stirbt
alle 56 Sekunden eins.
Bleibt noch Zeit, nachzudenken, was das
für eine Welt ist, in der
nichts übrigbleiben darf, damit das Wetter
schön wird,
in der aber, anderswo freilich
und Transportproblem
so viele Kinder verhungern
so um die sechzig pro Stunde
eineinhalbtausend am Tag
und warum das so ist, und ob das
ein Leben ist, was wir führen.
Bleibt noch Zeit nachzudenken, was in der Welt
so vorgeht, so vor Recht geht,
und vielleicht etwas zu tun
ehe wir sterben.

AN EINEM JUNIABEND IM SCHÖNEN WESTERWALD

Halfen zwanzig Männer
unten im Hof
die Fundamente ausschachten
für den Neubau
des Kindergartens

Saßen sechs junge Leute
oben im Gruppenraum
und empörten sich
niemand tue etwas
für Lateinamerika

Mehr als sechs aber
sind sechsundzwanzig
und wenn man die
schwere zähe Heimaterde
auf die Schippe nimmt
vielleicht liegt Brasilien
schon fast im Westerwald

DAS LIED VOM EINEN HAUS

Es leben heute zusammen
in ein und demselben Haus
Menschen aus allen Völkern
in ein und demselben Haus

    Die zwanzig, die da oben wohnen
    das sind die reicheren Nationen
    die achtzig in den untern Räumen
    von Wohlstand können die nur träumen

Es leben heute zusammen
in ein und demselben Haus
Menschen aus allen Rassen
in ein und demselben Haus

    Die wenigen, die oben prassen
    das sind die auserwählten Rassen
    die tüchtigen, die weißen Brüder
    die teilen unter sich die Güter

Wann leben endlich zusammen
in ein und demselben Haus
Menschen wie Brüder und Schwestern
in ein und demselben Haus?

    Die Völker, Rassen, Religionen
    sie sollen beieinander wohnen
    in einem Haus, auf einer Erde
    Herr, sprich erneut dein Wort: Es werde!

HUNGER IN DER WELT

Um gesund zu bleiben, braucht ein Mensch
dreißig Gramm tierisches Eiweiß täglich
Fleisch beispielsweise, Milch. Fehlt ihm
solches für längere Zeit,
setzt, das ist erwiesen,
Wachstumsstillstand ein
und es steigt, auch das ist erwiesen,
die Anfälligkeit gegen Krankheiten,
Tuberkulose, Typhus und Ruhr.
Mangel an Vitaminen führt
zu Ausschlag, zu Blindheit, zu
Störungen von Magen und Darm, auch
der Nerven bisweilen, Erweichung
der Knochen, Schwächung, Erschlaffung
der Muskeln, Ermüdung. Die
Leistung fällt ab, die Widerstandskraft,
das ist erwiesen, läßt nach.

Nur keine Angst. Bei uns
ist alles gesichert und
Eiweiß und Vitamine und überhaupt
alles reichlich zu haben. Eher
lassen sich's die Leute was kosten,
um, wie sie sagen, die Pfunde,
die überflüssigen, wegzukriegen.
Also kein Grund zur Beunruhigung,
es geht uns gut,
zu gut, sag' ich immer.

Darum wird von den Kirchen
zweimal im Jahr oder öfter
mit Hilfe klagender Kinderaugen
zu Spenden gerufen für die, die hungern.
Man weiß ja nicht, ganz unter uns,
ob das stimmt, das alles, aber
ich finde es schrecklich,
das ewige Sammeln,
das führt, das ist erwiesen, auch
zu gewissen Ermüdungserscheinungen,
Gleichgültigkeit, auch Allergien,
Gebeunlust, man wird es leid,
als ob man nicht genug hätte,
nicht reichlich genug
mit seinen eigenen Sorgen,
sag' ich immer.

DER FREMDENFÜHRER ERZÄHLT

Am meisten begeistert
sind die Touristen immer
über die Elendsviertel
davon können sie
gar nicht genug kriegen
da opfern sie all ihre
Filme unglaublich
wie fotogen das ist
diese Hütten in der
sengenden Sonne und die
erloschenen Gesichter
welch ein Motiv
zu viert und mit Tele
belauern sie den
Hungertod des alten Mannes
sie lassen zu sich kommen
die Kindlein und knipsen das
zerlumpte Kleinvolk das
bettelnd — gimmi money —
die Hände ausstreckt

Ein glückliches Volk
werden sie sagen zu Haus beim
Vorführen der Dias
das ganze Jahr über
scheint die Sonne
die Menschen dort leben
wie im Paradies.

Sie haben recht:
Den Armen ist ja wirklich
das Paradies verheißen.

MÖGLICHERWEISE ODER
DAS LIED VON DEN ARMEN UND REICHEN

Möglicherweise kennt ihr die Geschichte
vom reichen Prasser, der in Luxus lebt
indessen Lazarus im Elend leidet

> Sagt nicht, ihr Christen hier,
> was können wir dafür?!
> Sagt nicht; was gehts uns an,
> ich hab' ja nichts getan!

> Der Reiche — das sind wir
> und es ist unsre Tür,
> da klopft der arme Mann,
> sag nicht: was gehts mich an!

Möglicherweise kennt ihr die Berichte
wonach zwei Drittel aller Menschen hungern
indessen wenige im Wohlstand sind

> Sagt nicht, ihr Christen hier,
> was können wir dafür?!
> Sagt nicht? was geht's uns an,
> ich hab' ja nichts getan!

> Der Reiche — das sind wir
> und es ist unsre Tür,
> da klopft der arme Mann,
> sag nicht: was geht's mich an!

Möglicherweise kennt ihr die Berichte,
sie stehn ja beinah täglich in der Zeitung,
daß Arme aufstehn gegen Unterdrückung

> Sagt nicht, ihr Christen hier,
> was können wir dafür?!
> Sagt nicht: was geht's uns an,
> ich hab' ja nichts getan!

> Der Reiche — das sind wir
> und es ist unsre Tür,
> da klopft der arme Mann,
> sag nicht: was geht's mich an!

Möglicherweise kennt ihr die Geschichte
vom Weltgericht, wo ER die Menschen fragt:
Ich war einst hungrig, was habt ihr getan?

> Sagt nicht, ihr Christen hier,
> was können wir dafür?!
> Sagt nicht? was geht's uns an,
> ich hab' ja nichts getan!

> Der Reiche — das sind wir
> und es ist unsre Tür,
> da klopft der arme Mann,
> sag nicht: was geht's mich an!

ANZEIGE

Machen Sie ein paarmal im Jahr
eine Fastenwoche,
das entschlackt den Körper und
läßt auch gleich ein paar
überflüssige Pfunde verschwinden.

Zum Frühstück eine Tasse Tee oder Kaffee,
ein weiches Ei, zwei Scheiben Knäckebrot
mit Magerquark, fein gewürzt mit
frischen Kräutern.
Mittags gibt es 150 Gramm
mageres gegrilltes Fleisch oder
200 Gramm gekochten Fisch oder
ebensoviel mageres Geflügelfleisch.
Dazu Salat, soviel Sie mögen, angemacht
mit Zitronen, Kräutern, etwas Joghurt,
ein bißchen Paprika, ein bis zwei kleine
Kartoffeln. Auch 100 Gramm Reis
in der Woche.
Abends dann 2 Scheiben Knäckebrot,
dazu Joghurt, ein Ei oder 100 Gramm
Tatar, gewürzt mit Zwiebeln und Paprika,
oder Magerquark mit Schnittlauch und Tomaten.
Und wenn Sie zwischendurch der Hunger
zu sehr plagt, dürfen Sie einen Apfel
oder ein Glas Tomatensaft genießen.

Das alles war als Anzeige zu lesen
in einem deutschen Nachrichtenmagazin
in einer Woche, in der
(aber davon war in dieser Nummer
nichts berichtet)
überall auf unserer Welt
Millionen Menschen hungern und überlegen,
was sie essen sollen.
Vermutlich nur aus anderen Gründen.

IN UNSRER WELT

In unsrer Welt, so wie sie ist,
da weht ein rauher Wind,
der Mensch muß sehen, wo er bleibt,
es hungert manch ein Kind.

 Wir drücken halt ein Auge zu
 und sind ganz einfach blind.

In unsrer Welt, so wie sie ist,
bleibt mancher Mensch allein,
wo jeder seinen Vorteil sucht,
da kann nicht Friede sein.

 Wir drücken beide Augen zu
 und mischen uns nicht ein.

In unsrer Welt, so wie sie ist,
kommt weit, wer Böses tut,
wer stark ist, bringt den Schwachen um,
manch einer liegt im Blut.

 Wir drücken ihm die Augen zu
 und dann ist alles gut.

ZWEIERLEI

Für die einen heißt Leben:
Dach überm Kopf
Brot auf dem Tisch
und arbeiten können
heute und morgen

Für die andern heißt Leben:
Antenne am Dach
Wurst auf dem Brot
nicht arbeiten brauchen
heute und morgen

15 UHR

Stundenlang
sitzen wir vor der Theke
    Anderswo
    sitzen andere
    den lieben langen Tag
    hinter Gittern

Gutgelaunt
gehen wir zum Schwimmen
    Anderswo
    gehen andere
    den letzten Weg der bleibt
    in das Wasser

Braungebrannt
liegen wir auf der Wiese
    Anderswo
    liegen andere
    mit blassem bleichem Leib
    unterm Rasen

THEMA INDIEN

Die
sollten erst mal was schaffen
und nicht nur einfach
die Hand hinhalten!

Die
sollten erst mal was schaffen
und nicht nur einfach
verhungern!

Die
sollten erst mal was schaffen
und nicht nur einfach
sich begraben lassen!

DANK

Ich danke für mein Leben,
    andere verrecken während ich lebe.
Ich danke, daß ich atmen kann,
    andere röcheln unter Sauerstoffmasken.
Ich danke, daß ich gesund bin,
    andere siechen dahin, da mir's gut geht.
Ich danke, daß ich zu essen habe,
    so viele schreien nach Brot.
Ich danke, daß ich in Frieden lebe,
    so viele kennen nur den Krieg.
Ich danke, daß der Glaube mir Halt gibt,
    so viele wissen nicht, was das ist: glauben.
Ich danke und frage doch beunruhigt,
    warum die andern, nicht ich, das Kreuz tragen.

DIE EMPÖRUNG GOTTES

Die Empörung Gottes
geht in Lumpen einher
hat nur Fetzen an sich
sie geht barfuß und bloß
 Und sie sieht, was wir Christen tragen
 und sie fragt, was wir Christen tun
 und sie hört, daß wir Mitleid haben
 — vielleicht ist das nicht genug

Die Empörung Gottes
geht in Elend einher
schreit nach Brot und Arbeit
und sie bettelt am Weg
 Und sie sieht, was wir Christen haben
 und sie fragt, was wir Christen tun
 und sie hört, daß wir manchmal spenden
 — vielleicht ist das nicht genug

Die Empörung Gottes
geht in Ketten einher
unterm Joch der Herren
sucht sie Freiheit und Recht
 Und sie sieht, wie wir Christen leben
 und sie fragt, was wir Christen tun
 und sie hört, daß wir dafür beten
 — vielleicht ist das nicht genug

Die Empörung Gottes
geht an uns nicht vorbei
aus Millionen Augen
sieht sie uns heute an
    Und sie will, daß wir uns empören
    und sie fragt, ob wir Christen sind
    denn es gilt: Selig seid ihr Armen
    nicht den Satten gehört mein Reich!

Die Empörung Gottes
geht mit uns ins Gericht
und die Erde zittert
Herr, verdamme uns nicht!

Man müßte was ändern

ZU SAGEN, MAN MÜSSTE WAS SAGEN

Zu sagen, man müßte was sagen, ist gut,
man müßte
man müßte was sagen.
Abwägen ist gut, es wagen ist besser,
doch wer macht den Mund denn schon auf?

Zu sagen, man müßte was machen, ist gut,
man müßte
man müßte was machen.
Gerührtsein ist gut, sich rühren ist besser,
doch wo ist die Hand, die was tut?

Zu sagen, man müßte was geben, ist gut,
man müßte
man müßte was geben.
Begabtsein ist gut, doch geben ist besser,
doch wo gibt es den, der was gibt?

Zu sagen, man müßte was ändern, ist gut,
man müßte
man müßte was ändern.
Sich ärgern ist gut, verändern ist besser,
doch wer fängt bei sich damit an?

WOHIN MAN SCHAUT — SONG

Wohin man schaut, ist unsre Welt
voll Ungerechtigkeiten,
da werden Waffen hergestellt,
man hilft den Krieg bereiten.
    Daß es so ist, geht uns alle an,
    an allem sind wir beteiligt,
    indem wir wie alle andern sind
    und es geschehen lassen.
    O Herr, erbarme dich!

Als klug gilt, wer an sich nur denkt,
denn jeder will was gelten,
es wird dir nirgends was geschenkt,
so wird die Güte selten.
    Daß es so ist, geht uns alle an,
    an allem sind wir beteiligt,
    indem wir wie alle andern sind
    und andern auch nicht helfen.
    O Herr, erbarme dich!

Und wer nicht ist, wie alle sind,
der macht sich schon verdächtig.
Aha, von daher weht der Wind,
das Vorurteil ist mächtig.
    Daß es so ist, geht uns alle an,
    an allem sind wir beteiligt.
    Indem wir wie alle andern sind
    und auch wie alle denken.
    O Herr, erbarme dich!

Wer nicht mehr mitkommt, scheidet aus,
heut die, die andern morgen,
für Altersheim und Krankenhaus
da wird der Staat schon sorgen.
    Daß es so ist, geht uns alle an,
    an allem sind wir beteiligt.
    Indem wir wie alle andern sind
    und es in Ordnung finden.
    O Herr, erbarme dich!

Wie soll Vertrauen möglich sein
so wie die Dinge liegen,
der eine legt den andern rein
mit Lügen und Intrigen.
    Daß es so ist, geht uns alle an,
    an allem sind wir beteiligt,
    indem wir wie alle andern sind
    und auch wie alle lügen.
    O Herr, erbarme dich!

AUF DEM WEGE

Auf dem Wege
von Jerusalem übers Gebirge
und nach Jericho, so steht's geschrieben,
fiel ein Mensch unter Räuber
und blieb liegen.

Wer wird ihm helfen
wer ist da zuständig?
Da ist ein Weg, wo
Menschen zugrundegehn!

Auf dem Wege
von der einen Behörde zur andern
auf dem Amtsweg erfaßt und verwaltet,
kam ein Mensch zu den Akten
und blieb liegen.

Wer wird ihm helfen
wer ist da zuständig?
Da ist ein Weg, wo
Menschen zugrundegehn!

Auf dem Wege
von der bittern Erfahrung von Kirche
hin zu dem, der Erlöser genannt wird,
kam ein Mensch nicht zum Ziele
und blieb liegen.

    Wer wird ihm helfen
    wer ist da zuständig?
    Da ist ein Weg, wo
    Menschen zugrundegehn!

WAS KÖNNEN WIR

Was können wir im Grund schon machen
mit unsrer Macht ist nichts getan
misch dich nicht ein in fremde Sachen
halt dich da raus, laß andre ran.

> Aber die neue Welt, die Jesus proklamiert,
> entsteht gerade da, wo man sich engagiert,
> komm, folge mir nach!

Wer kann die Hintergründe kennen
die Politik ist kompliziert
wer wird sich schon den Mund verbrennen
man weiß ja nicht, was dann passiert.

> Aber die neue Welt, die Jesus proklamiert,
> entsteht gerade da, wo man sich engagiert,
> komm, folge mir nach!

Was können wir denn viel dran ändern
wenn es den Herrschenden gefällt
daß Krieg ist in so vielen Ländern
und Menschen hungern auf der Welt.

> Aber die neue Welt, die Jesus proklamiert,
> entsteht gerade da, wo man sich engagiert,
> komm, folge mir nach!

CHRISTUS HEUTE

Was würde Christus heute tun?
   Wär er am Hof der Herrn
   und sorgte, daß kein Umsturz droht,
   hätt' er die Reichen gern?
Was würde Christus heute tun?
   Spräch' er vom stillen Glück
   des Christen, der Erbauung sucht
   fernab der Politik?
Was würde Christus heute tun?
   Gäb Steine er statt Brot?
   Hieß er uns neue Tempel baun,
   wo Völker leiden Not?

Wo würde Christus heute stehn?
   Säß er im Hohen Rat?
   Säß er auf einem Bischofsthron
   in prunkvollem Ornat?
Wo würde Christus heute stehn?
   Wollt er am Ende gar,
   daß keiner neue Wege wagt,
   damit es bleibt, wie's war?
Wo würde Christus heute stehn?
   Was heißt heut: Denket um,
   verändert diese Welt, und lebt
   das Evangelium?

Was würde Christus heut geschehn?
    Ging man denn auf ihn ein?
    Fänd man ihn nicht mehr radikal?
    Würd man ihm heut verzeihn?
Was würde Christus heut geschehn
    und Menschen seiner Art?
    Käm er am Urteil heut vorbei?
    Würd ihm das Kreuz erspart?
Was würde Christus heut geschehn,
    ließ er sich bei uns sehn?
    Wer folgte ihm im Glauben nach,
    wer würde mit ihm gehn?

HERR, ÖFFNE UNS

Herr, öffne uns die Augen
daß wir sehen, was zu sehen ist!

    Ja, laß uns die Lage in unserer Welt,
    den großen Zusammenhang kennen,
    damit wir die Aufgaben, die uns gestellt
    und das, was heut nottut, benennen.

Herr, öffne uns die Ohren,
daß wir hören, was zu hören ist!

    Wir stecken ja gerne den Kopf in den Sand
    und lassen uns lenken und führen,
    gib uns einen nüchternen, wachen Verstand,
    daß wir, was vorgeht, erspüren.

Herr, öffne uns die Lippen,
daß wir sagen, was zu sagen ist!

    Wir reden sehr gerne von dem, was nicht stimmt
    und wollen es ›denen‹ schon zeigen.
    Doch wenn es uns Ärger und Nachteile bringt,
    dann pflegen wir weiter zu schweigen.

Herr, öffne uns die Hände,
daß wir ändern, was zu ändern ist.

Wir tun ja manch Gutes und spenden auch Geld
und lassen uns dann und wann rühren.
Nur ändert das wenig am Zustand der Welt,
an den Mächten, die da regieren.

Herr, öffne uns die Zukunft,
laß erscheinen in der Welt dein Reich!

DAS LIED VON DER VERÄNDERUNG
DER WELT

Sprecht nicht nur viele schöne Sprüche
über die Veränderung der Welt
fangt damit an, verändert sie
denn Gottes Reich ist schon mitten unter uns

Lest nicht nur schöne dicke Bücher
über die Veränderung der Welt
fangt damit an, verändert sie
denn Gottes Reich ist schon mitten unter uns

Singt nicht nur schöne flotte Lieder
über die Veränderung der Welt
fangt damit an, verändert sie
denn Gottes Reich ist schon mitten unter uns

Malt nicht nur wilde Transparente
über die Veränderung der Welt
fangt damit an, verändert sie
denn Gottes Reich ist schon mitten unter uns

Sprecht nicht nur schöne Bittgebete
über die Veränderung der Welt
fangt damit an, verändert sie
denn Gottes Reich ist schon mitten unter uns

WENN DA KOMMT

Jesus sagte nicht:
Ändert die Gesellschaft
macht Revolution
denn alle Herrschaft
ist zu Ende!

Jesus sagte:
Ändert euch selber
tut Buße
denn Gottes Herrschaft
naht!

Doch wäre das
die Revolution
die die Gesellschaft
ändert und alle
fremde Herrschaft
beendet:

Wenn da kommt
sein Reich!

DIE NIEDRIGEN

Die Niedrigen erhebt er
sang die niedrige Magd
predigte der junge Kaplan
über die Niedrigen in Südamerika

Von einem Gottesdienst erwarte ich
daß er mich erhebt
äußerte Frau Balzer nachher
zu dem jungen Kaplan, der gepredigt hatte
über die Niedrigen in Südamerika

Die Niedrigen erhebt er
sang die niedrige Magd
dachte der junge Kaplan
über Frau Balzer nicht in Südamerika

Da erschrak der junge Kaplan
selber nicht in Südamerika
und senkte rasch den Kopf
den er erhoben hatte
über Frau Balzer nicht in Südamerika

Die Niedrigen erhebt er
sang die niedrige Magd
im Gebirge von Juda
mit den Niedrigen in Südamerika
und Frau Balzer, die sich nicht erhoben fühlte
und dem Kaplan mit dem gesenkten Kopf
beide nicht in Südamerika

UMKEHR I

Ich lüge nie
Ich habe eigentlich nie gelogen
Ich habe so gut wie nie gelogen
Ich habe nur ganz selten gelogen
Ich habe nur hin und wieder gelogen
Ich habe gelegentlich mal gelogen
Ich habe öfter gelogen
Ich habe sehr oft gelogen
Ich habe fast immer gelogen
Ich lüge beinahe immer
Mein Leben ist eine einzige Lüge

UMKEHR II

Ich weiß nicht was ich beichten soll
Ich habe mir nichts vorzuwerfen
Ich halte mich immer an meine Grundsätze
Ich belüge niemand betrüge niemand
Ich bin höchstens mal ungeduldig
Ich habe vielleicht auch schon mal ein Gebet vergessen
Ich hätte vielleicht manchmal mehr Verständnis für meine
    Frau haben können
Ich habe mich nicht immer viel um sie gekümmert
Ich habe mich recht wenig um sie gekümmert
Ich habe nur an mich gedacht
Ich kenne eigentlich nur mich
Ich erkenne das
Ich bekenne

UMKEHR III

Man hat doch nichts verbrochen
Man ist ja auch nur ein Mensch
Man lügt vielleicht schon mal
Man muß sehen wo man bleibt
Man muß ja Rücksicht nehmen
Man kann nicht wie man will
Man kann nicht aus seiner Haut
Man kann nicht alles wissen
Man schlägt sich so durch
Man kann nichts dafür

Ich

VEREINFACHUNG

»Wenn sich ein Mensch
asozial verhält, dann
werden wir sein Verhalten
mit Hilfe chemischer und
elektronischer Mechanismen
erkennen und verändern«,
äußerte
der Physiologe Dr. Delgado.
Na endlich:
Was war das früher doch
eine mühsame Sache
mit dem Beichten!

DAS GEWISSEN

Ein gutes Gewissen ist
ein sanftes Ruhekissen
man bettet sich gut
und wie man sich bettet
so liegt man das ist
die erste Bürgerpflicht
Ruhe und wer schläft
der sündigt nicht
der erste Schlaf ist
immer der beste
schlafen wir also weiter
den Schlaf des Gerechten
dem Glücklichen schlägt
keine Stunde den Seinen
gibts der Herr im Schlaf
der beste Schlaf ist
der vor zwölf
ein gutes Gewissen
sagt Albert Schweitzer
ist eine Erfindung
des Teufels

SCHWARZWEISS

Schwarze Qual
leide ich

Schwarzes Blut
spucke ich

Schwarzen Qualm
stoße ich aus

Aber meine Weste
ist weiß

SIEBZIG MAL SIEBEN MAL

Siebzig mal sieben mal
   sollen wir verzeihen
siebzig mal sieben mal
   von der Schuld befreien
siebzig mal sieben mal
   schenkt man uns das Leben
siebzig mal sieben mal
   wird auch uns vergeben
siebzig mal sieben mal
   waren wir verloren
siebzig mal sieben mal
   sind wir neu geboren
siebzig mal sieben mal
   gleich vierhundertneunzig
siebzig mal sieben mal

   darauf gibts keinen Reim

tot ist nicht mehr tot

OSTERSONNTAG

Den Hennen tun die Hintern weh
Im Kaufhof blühen
die Schaufenster und
Fröhliche Ostern
wünschen die
hundertachtzigtausend
Schokoladenhasen
und die Zucker- und Cognaceier
in ihren Nestern. Das Osterlamm
ist geschlachtet. Fröhliche
Osterglocken läuten
oder blühen. Vier freie Tage
Es winkt der Stadtwald
Das Halleluja findet
im Grünen statt
Osterpflicht. Aber
zum Sitzen noch zu kalt.
Alle Weiblichkeiten
führen neue Beine spazieren
das hat man jetzt so.

Auf den Autobahnen
und nicht nur da
reger Verkehr.
Im Fernsehen Zirkus.
Die Osterandacht ist
schlecht besucht. Was
hat Jesus auch zu bieten
außer seiner Auferstehung.
Das Grab ist leer. Aber
morgen ist noch ein Feiertag.

KALAUER

Ich war im Kino:

Blutüberströmt
fertiggemacht
fiel einer um
als letzter von allen —
das war ein Western!

Ich war in der Kirche:

Blutüberströmt
fertiggemacht
stand einer auf
als erster von allen —
das war ein Ostern!

»WAS IST NACH DEM TOD?«
OSTER-UMFRAGE UNTER STRASSEN-
PASSANTEN

Mit dem Tod ist alles aus
klarer Fall, da kommt nichts mehr
endgültig Schluß vorbei
Endstation, mein' ich auch
paar Erinnerungen noch, vielleicht
doch bald vergessen. Früher
glaubte man an Auferstehung
Jesus und so. Aber woher
will man das wissen
das gibts doch gar nicht
Himmel und sowas
überhaupt das Ganze
tot ist tot. Würmer höchstens
paar Knochen noch oder so
Verwesung, chemisch ganz klar
Ich weiß nicht
manchmal —
Unsinn so was gibt's nicht
aber es könnte doch sein —
nein, machen Sie sich
keine Hoffnung. Mit dem
Tod ist alles aus
können sich drauf verlassen
denken Sie an mich wenn —
Meine Damen und Herrn
wir danken Ihnen für das
Gespräch. Schöne Ostern!

AUF DIE FRAGE

Auf die Frage des Spiegel
von Emnid ermittelt
ob es ein Leben
nach dem Tode gibt
sind von hundert Befragten
achtundvierzig dafür und
achtundvierzig dagegen.

Und wer entscheidet?

LIEBER APOSTEL PAULUS

Lieber Apostel Paulus
wenn ich mal so sagen darf
nicht wahr, du hast doch
ich meine, was Jesus angeht
genauer seine Auferstehung
das nicht so wörtlich gemeint
eins Korinther fünfzehn
du weißt schon
nur
in dem Sinne wohl
daß er sozusagen geistig
sinnbildlich gemeint
in uns allen weiterlebt
daß wir neuen Mut fassen
den Blick erheben wie
die Natur erneut aufblüht
so ähnlich eben
es geht schon, die Sache
geht schon weiter, man muß
sie vorantreiben, die gute Sache
an die wir doch alle irgendwie
glauben, den Fortschritt, mein' ich
Mitmenschlichkeit und so
Friede, nicht wahr
das wolltest du doch sagen —

   Nein?

MAN SAGT

Das ist der Tod:
das vollständige Erlöschen der
Hirnfunktion, die absolute
hirnelektronische Stromstille.

Man sagt darum: Totenstille.
Man sagt darum: Ewige Ruhe.

Aber:
Auferstehung im Schalle der Posaunen!

OSTERNACHT

Aller Augenschein sagt
    ein Grab ist ein Grab
    tot ist tot
    aus ist aus
    fertig nichts weiter

Wir haben nichts dagegen
    als eine winzige Hoffnung
Wir haben nichts in Händen
    als ein kleines Licht
    im Dunkeln
Wir haben nichts vor Augen
    als ein paar verwirrte
    erschrockene Menschen
    die es nicht fassen können
    daß er lebt
    und ein leeres Grab
Wir haben nichts
    als ein Lied auf den Lippen
    er ist auferstanden
    halleluja

Das ist der Anfang des menschlichen Lebens:
eine befruchtete Eizelle
ein winziges Gebilde von etwa $1/2$ Millimeter
    Durchmesser und $1/200$ Milligramm Gewicht

eine winzige Hoffnung
    gegen allen Augenschein
ein kleines Licht
    in soviel Finsternis
ein paar fassungslose Menschen
    vor einem leeren Grab
ein Halleluja auf den Lippen
ein buntes Osterei
    das du mir schenkst
winzig sind die Argumente des Lebens
    gegen den Tod

SUCHT DEN LEBENDEN

Wälzt ruhig einen Stein auf sein Grab
den schwersten, den ihr findet
den mit dem gewichtigsten Nachruf
verschließt, versiegelt, verrammelt sein Grab
stellt Wachen davor
Rot- oder Schweizergardisten
baut Tempel drauf, Denkgebäude, stapelt
Bibliotheken darüber oder
feiert, lobsingt —
doch sucht den Lebenden
nicht bei den Toten!

Oder
geht aufs Ganze
grabt auf, untersucht
sichert die Spuren
schickt Bodenproben ein
interviewt die Maulwürfe
befragt die Quellen
hört das Gras ab
legt Filme ein, Tonbänder
laßt Experten ran, Theologen
Altertumskundler
Meinungsforscher, Museumsdiener
auch, wer weiß, Schmetterlingssammler —
doch sucht den Lebenden
nicht bei den Toten!

Oder laßt alles
auf sich beruhen
die Fakten, all das, wen interessiert's
ganz ohne Belang, sind wir uns
einig nach dem Tode Gottes
wem sagen Sie das
wenngleich
Hauptsache die Sache irgendwie
Jesu geht weiter
Hoffnung, würde ich sagen
ausgezeichnet, das Wohin
unseres Umgetriebenseins —
doch sucht den Lebenden
nicht bei den Toten!
Doch sucht den Lebenden —

Vielleicht
sechzig Stadien entfernt
zweieinhalb Stunden zu gehn
teilt er das Brot
mit den Freunden am Tisch —
wo das wirklich lag, Emmaus
ist heute umstritten —
Doch sucht den Lebenden
nicht bei den Toten!

OSTERLIED

Seht, der Stein ist weggerückt
nicht mehr, wo er war
nichts ist mehr am alten Platz
nichts ist, wo es war
halleluja

Seht, das Grab ist nicht mehr Grab
tot ist nicht mehr tot
Ende ist nicht Ende mehr
nichts ist, wie es war
halleluja

Seht, der Herr erstand vom Tod
sucht ihn nicht mehr hier
geht mit ihm in alle Welt
er geht euch voraus
halleluja

Wenn die Eltern wüßten

WEISSER SONNTAG

Ein Mahl feiern
oder
einmal feiern?

Weiße Kleidchen
Fahnen vom Kirchturm:
Vor wem
kapitulieren wir
denn heute wieder?

AM SCHÖNSTEN TAG

Von den Eltern ein Fahrrad
von der Oma eine Armbanduhr
vom Opa Rollschuhe
von Tante Susi eine Handtasche
von Tante Olga einen Wecker
von Onkel Jochen einen Füllfederhalter
von Onkel Kurt und Tante Ingrid ein Armband
von Müllers eine Halskette
von der Patin eine Silberbrosche
dann mehrere Spiele
sechsmal Pralinen
vierzehn Blumenstöcke und -sträuße
neun Telegramme
sechsunddreißig Glückwünsche

und eine kleine Hostie

ANFANG UND ENDE

Am weißen Sonntag
brennen viele Kerzen
in Kinderhand

In der Mitte
die Osterkerze
Alpha und Omega

Am weißen Sonntag
brennen viele Kerzen
in Kinderhand

Erste und letzte
heilige Kommunion
Anfang und Ende

Empfehlen wir die
Kinder und die Lichter
in Gottes Hand

WENN DIE ELTERN

Wenn die Eltern wüßten
daß Kommunion und
Kommune das gleiche
Wort und eigentlich
die selbe Sache sind
und daß der liebe Heiland
die Revolution vorbereitet
indem er Brot bricht
den Genossen am Tisch
wie
wenn sie dies wüßten
würden die Eltern den
Weißen Sonntag feiern?

FRONLEICHNAM

I
Was sie nur alle
gegen Fronleichnam haben
also ich sehe das gern
von meinem Balkon aus
und ich habe schon
prima Fotos gemacht

II
An Fronleichnam
ist schulfrei
da kriegen wir keine
Aufgaben auf
da brauchen wir nichts
zu lernen

III
Alle Gläubigen
sind herzlich eingeladen
sich an der Prozession
zu beteiligen
Engel Gottes schwebet
nieder kommt her
ihr Kreaturen all
den Anweisungen
der Ordner ist
Folge zu leisten

KOLLEKTE

Immer wieder
wird gesammelt
in der Kirche:
Geld.

Zuweilen
wünsche ich
zu sammeln:
mich.

Geld ist wichtig
bin ich es auch?

KIRCHGANG AN HIMMELFAHRT

Zitierend eine mir bislang unbekannte
theologische Kapazität, behauptet
der Mann auf der Kanzel:
Der Himmel ist hier und heute
und nirgends sonst!
Na na, denke ich, und betrachte
die Leute vor mir,
danach sieht es hierzuland
eigentlich nicht aus, das kann man
einem doch nicht antun! —

Als er dann später betet:
Dein Reich komme! sage ich
innerlich Aha:
Demnach ist also morgen
auch noch ein Tag und es gibt
nach wie vor was zu hoffen.
Auf dem Heimweg pfeife ich
auf die Kapazität.

UNTERWEGS

Christ fuhr gen Himmel
was uns betrifft
wir fahren nach Amorbach

PFINGSTEN

Die Autobahnen sind verstopft
Alle fahren heut ins Grüne
Die Kirche dagegen bleibt
bei Rot: Feuer und Blut
Komm heiliger Geist
oder besser: Komm nicht
Mach deine Revolution
lieber wenn es regnet

PFINGSTSONNTAG

Der Pfarrer auf der Kanzel vergleicht
den Pfingstgeist mit Sturm und Feuer

aber keine Angst:

in den Kirchenbänken bleibt alles ruhig
mein Nachbar sieht verstohlen auf seine Uhr

WOZU SOLL DAS GUT SEIN?

Wozu soll das gut sein:
Feuerzungen?
Wer wird sich schon
die Zunge verbrennen
und den Mund?
Verbrannte Mandeln,
das fehlt mir gerade!

Wozu soll das gut sein:
Sturmesbrausen?
Man drückt sich den Hut
nur fester in die Stirn
und schließt
für alle Fälle
das Fenster.

Wozu soll das gut sein:
Fremde Sprachen?
Sollen die andern
erstmal alle
deutsch lernen!

PFINGSTLIED HEUTE

Die Wunder von damals müssen's nicht sein,
auch nicht die Formen von gestern,
nur laß uns zusammen Gemeinde sein,
eins so wie Brüder und Schwestern,
    ja, gib uns den Geist, deinen guten Geist,
    mach uns zu Brüdern und Schwestern!

Auch Zungen von Feuer müssen's nicht sein,
Sprachen, die jauchzend entstehen,
nur gib uns ein Wort, darin Wahrheit ist,
daß wir, was recht ist, verstehen,
    ja, gib uns den Geist, deiner Wahrheit Geist,
    daß wir einander verstehen!

Ein Brausen vom Himmel muß es nicht sein,
Sturm über Völkern und Ländern,
nur gib uns den Atem, ein kleines Stück
unserer Welt zu verändern
    ja, gib uns den Geist, deinen Lebensgeist,
    uns und die Erde zu ändern!

Der Rausch der Verzückung muß es nicht sein,
Jubel und Gestikulieren,
nur gib uns ein wenig Begeisterung,
daß wir den Mut nicht verlieren,
    ja, gib uns den Geist, deinen heil'gen Geist,
    daß wir den Mut nicht verlieren!

Mit Fragezeichen gepflastert

O DU FRÖHLICHE

O fröhliche selige Weihnachtszeit
traute Stimmung der Herzen
die graue Welt ist jetzt weiß verschneit
seht, es brennen die Kerzen
    es brennen die Kerzen, es brennen die Städte
    gehn wir zur Mette!

O fröhliche selige Weihnachtszeit
freut euch alle Jahr wieder
die graue Welt ist jetzt weiß verschneit
hört, es klingen die Lieder
    es klingen die Lieder, von fern hört man Schreie
    wo bleibt die Weihe?!

O fröhliche selige Weihnachtszeit
ferne läuten die Glocken
die graue Welt ist jetzt weiß verschneit
leise fallen die Flocken
    es fallen die Flocken, es fallen Soldaten
    essen wir Braten!

O fröhliche selige Weihnachtszeit
Lichter werden entzündet
die graue Welt ist jetzt weiß verschneit
Frieden wird uns verkündet
    für uns gibt's Geschenke, für andre Gewehre
    Gott sei die Ehre!

MENSCHLICHE BEGEGNUNG

Unterwegs
habe ich einen getroffen
er war sofort tot
Scheiß-Vietnam

MACHEN WIR

Klar geht in Ordnung
kriegen wir schon hin
ham schon ganz andere
Sachen hingekriegt
kleine Fische für uns
sollen sehen spielend
schaffen wir das Chef
kriegen wir glatt über
die Bühne wär gelacht
planmäßig rollt das ab
nein spielt keine Rolle
in keinster Weise na
und ob das hinhaut
das Ding wird ne Wucht
können sich drauf verlassen
die fallen aus dem Anzug
die Dschungelaffen die
verdammten Schlitzohren

GLEICHZEITIG

Am achtzehnten April
(so lese ich in der Zeitung)
hat in der Provinzstadt Takeo
nach Aussagen von Zeugen
ein Massaker stattgefunden an
über hundert vietnamesischen Zivilisten
darunter auch Frauen und Kindern.

Was war das für ein Tag
was haben wir da gemacht?

Ich sehe nach: Freitag —
Die Messe am Morgen feierten wir
für Ernst Zimmermann und Angehörige
in der Schule nahmen wir durch
weil Osterzeit den reichen Fischfang
später die Reformation
nachmittags übten die Meßdiener
das Schellen zur Wandlung
die Mädchengruppe spielte Völkerball
ich besuchte zwei Kranke
telefonierte und schrieb
am Abend traf sich der Ausschuß
fürs Kinderfest, im Jugendclub
lief eine Party wie üblich
einige lobten anderntags auch
den Krimi im Fernsehen
wenn ich mich recht erinnere.

PARALLEL

Mit ihrer tödlichen Last
überfliegen die Bombenflugzeuge
Hanoi

Mit gelangweiltem Blick
überfliege ich die Meldung davon
in der Zeitung

HEERSCHARENGOTT

Großer heiliger
Heerscharengott
der Mächte und Gewalten
lange genug
so genannt und gerühmt als
Gott, der Eisen wachsen
und Waffen segnen läßt
Gott der heiligen Kriege
und der siegreichen Schlachten
Gott der blutigen und
heiligen Mißverständnisse

Distanziere dich doch
von all dem, wozu man dich
mißbraucht, denke an
Jesus, deinen Sohn
der sich verweigerte jeder Gewalt
und lieber starb als die zwölf
Legionen Engel zu Hilfe zu rufen
die alarmbereit standen zum Blutbad

Erkläre dich doch, entschieden
als der Gott der Wehrdienstuntauglichen
der Gott der Kriegsdienstverweigerer
und der Wehrkraftzersetzer
der Gott der Vietnamkomitees
der Antikriegsdemonstranten

der Gott der Deserteure
und der Katholiken und Hippies
schick deine berühmten
himmlischen Heerscharen
wenn es sie gibt
in die Wüste, laß sie die Schwerter
umschmieden zu Pflugscharen und
Liebe machen statt Krieg
Du aber setze dich
an die Spitze der nächsten
Demonstration!

GOTTESDIENST

Und da haben sie ein Lied gesungen
ein schönes Lied, ein altes Lied
nur Vietnam kam darin nicht vor

Und da haben sie eine Predigt gehört
eine schöne Predigt, eine ergreifende Predigt
nur Vietnam kam darin nicht vor

Und da haben sie ein Gebet gesprochen
ein schönes Gebet, ein tiefempfundenes Gebet
nur Vietnam kam darin nicht vor

Da kam ich vor
und erinnerte daran:
Vietnam, sagte ich
da wurde es ganz still

SCHWIERIGKEIT

Ihr wollt
daß es so bleibt wie es ist
darum betet ihr
um Frieden

Wir wollen
daß es nicht so bleibt wie es ist
darum beten wir
um Frieden

FEINDESLIEBE

Lieben sollst du deinen Feind!
Das will ich gerne tun
nur wo und wie und wer: Feind?!

Zeigen Finger nach Osten geht die
Sonne auf gefährlich und rot: Feind!
Ballen Fäuste sich nach Westen gegen
Ausbeuter und Kapital: Feind!
Der knochige schwarze Aufstand im Süden
der Hunger der Dürr der Übervölk: Feind!
Hat uns schon im Griff im eigenen Land
der Fischtod, der Luftschmutz, der Stink,
der Straßentod, der Stress, der Kollege: Feind!

Indessen meint eben
das Wort zum Sonntag:
Der Feind sitzt in dir, du selbst
bist dir selber dein übelster Feind!
Um so besser:
Unter so viel Feinden liebt man sich selbst
auch als Feind immer noch lieber
am liebsten

WIR

Wir müssen uns zusammensetzen
Wir müssen uns auseinandersetzen
Wir müssen endlich aufstehn

Wir lehnen uns auf
Wir lehnen uns ab
Wir lehnen uns an

Wir finden uns Klasse
Wir finden uns mies
Wir finden uns nie

FRIEDE IST MÖGLICH

Noch jeder Krieg, Freunde,
und es gab deren genug,
begann mit großen Worten, mit
Aufrufen und Appellen:
»Zu den Waffen, Männer!«
»Der Feind steht im Land!«
»Erhebt euch, schlagt ihn,
wo ihr ihn trefft!«
Ausrufungszeichen, auch zwei
hinter jedem Satz. Sagt selbst,
hat das nicht immer gewirkt?
Das Spiel konnte beginnen,
das Hurraspiel,
das Heldenspiel,
das Dem-werden-wirs-schon-
zeigen-Spiel,
das Du-oder-ich-Spiel,
das Stirb-oder-töte-Spiel,
ein böses Spiel.

Nun rat ich euch, es einmal
statt dessen anders zu versuchen.
Macht zum Beispiel und
spaßeshalber mal Fragezeichen
hinter jeden Satz:
»Zu den Waffen, Leute?« — Doch
weshalb und was sollen wir dort?

»Der Feind steht im Land?« — Na und,
einen Stuhl wird's noch geben,
setz dich zu uns, Feind, selbst du
brauchst im Land nicht zu stehn.
»Erhebt euch?« — Wozu und was soll's?
Wir sitzen doch gerade so schön.

Gewonnen hat, und er kriegt einen Kuß,
wer der Menschheit beim
Überleben hilft. Zum Beispiel
indem er Stühle besorgt. Oder
Fragen stellt, ja dies vor allem.

Was meint ihr, Freunde, vielleicht
ist der Weg zum Frieden wirklich
mit Fragezeichen gepflastert?

DIE TAUBE

Mit Hilfe ihrer Flügel
des rechten wie des linken
fliegt die Taube des Friedens
zwischen den Fronten

NIEMALS

Niemals die einen
gegen die andern

Niemals die einen
über den andern

Niemals die einen
ohne die andern

DREI MÖGLICHKEITEN

Die Hände gerieben
ins Fäustchen gelacht

Die Hände geballt und
ein Fäustchen gemacht

Die Hände gegeben
kein Fäustchen gemacht

FRIEDENSGRUSS VOR DER KOMMUNION

Dem da
dem andern
dem x-beliebigen
dem wildfremden
der mir wurscht ist
der mich nichts angeht
dem man nicht trauen kann
dem man besser aus dem Weg geht
dem man's schon von weitem ansieht
dem da
dem Spinner
dem Blödmann
dem Besserwisser
dem Speichellecker
der nicht so tun soll
dem's noch leidtun wird
der mir's noch büßen soll
der noch was erleben kann
der sich nicht unterstehen soll
dem ich's schon noch zeigen werde
dem da
wünsche ich Frieden

WERBEFUNK

»... was tun? Nirgends
ist man sicher vor ihnen.
Wie wird man diese
lästigen Gäste nur los?

Aufhängen, einfach aufhängen!

In einer halben Stunde
haben Sie Ruhe vor
diesen Quälgeistern!
Greifen Sie also zu Pipapo,
dem wirksamen Fliegenfänger,
erhältlich in jeder Drogerie! ...«

    Gottseidank, ich dachte zuerst ...
    Was
    dachte ich zuerst?

MAKKARONIFRESSER

Ob du's glaubst oder nicht
heute traf ich einen
in der Moselstraße
der sah aus wie Jesus
er stand bei zwei jungen
Makkaronifressern
vorm Piccadilly und
lachte mit ihnen
Gegen Abend sah ich
ihn wieder an der
Johanneskirche
er zeigte zwei kleinen
dunkelhaarigen Jungen
im Schaukasten das Bild
des Auferstandenen
sie versuchten sich in
der Haltung des Verklärten
es gelang nicht recht
er machte es ihnen vor
sie applaudierten
lachend liefen sie davon

Er ging weiter
streichelte einen Hund
im Vorübergehn
schaute er mich an
ich gestehe:
bis zum Bahnhof
ging ich ihm nach
unter all den Menschen
verlor ich ihn
aus den Augen

KAUM AUSZUDENKEN

Sollte es das wirklich einmal geben
daß alle miteinander auskommen
und zwar friedlich?
Malt euch das aus:
Bauarbeiter und Homos
Senatoren und Hafenkulis
Hindu-Nonnen und Spiegelleser
Tennisspieler und Zeugen Jehovas
reimt euch das zusammen
Fixer Beatfans und der Volkstanzkreis
die vom Osservatore und die Pardonredaktion
der junge Pastor mit dem Marxtick
der stramme Landsmannschaftler oder
der Kinderschreck der Pornokunde
und Tante Frieda im Altersheim
mit anderen Worten: Hund und Katze
Feuer und Wasser Löwe und Lamm
oder besser: du und ich, mein Bester
stell dir das mal vor!
Das wäre ein Friede
das hieße Halleluja singen!

Denkt nach, Freunde

LERNEN

Lernen ist ein Prozeß
wer ist angeklagt
wer verteidigt
wer ist Zeuge
wer Richter?

HAUPTSACHE

Hauptsache
Man ist gesund
Man lebt
Man hat was zu essen
Man verdient gut
Man hat was vom Leben
Man ist glücklich

Hauptsache
Ich liebe Gott
aus ganzer Seele
mit allen Kräften
und den Menschen
neben mir
so wie mich selbst

Der erste sein	Der letzte sein
Top Spitze Klasse	Null Nichts Niemand
very important person	Gar-Nichts Nummer
ganz oben	ganz unten
ganz groß	ganz klein
geschafft	erledigt
gefragt	nicht gefragt
bekannt berühmt	unbekannt unwichtig
angesehen	übersehen
erfolgreich	Versager
was können	nichts können
was leisten	nichts werden
sich was leisten können	nichts werden können
alles läuft gut	alles geht schief

Ich sage euch:
Viele werden aus Ersten Letzte
und aus Letzten Erste werden

(Mt 19, 30)

SCHWIERIG

Zuerst das Reich Gottes
    sagt mein Heiland

Zuerst das Geschäft
    sagt mein Onkel

Zuerst die Familie
    sagt meine Tante

Ich
Ich kann
Ich kann dich
Ich kann dich gut
Ich kann dich gut leiden
Ich
Ich kann
Ich kann fast
Ich kann fast alles
Ich kann fast alles leiden
Ich kann fast alles leiden nur
Ich kann fast alles leiden nur nicht
Ich kann fast alles leiden nur nicht leiden
Ich
Ich kann
Ich kann dich
Ich kann dich gut
Ich kann dich gut leiden
Ich kann dich gut leiden sehen

INKOMPETENT

Man will doch keine Katze
im Sack kaufen,
so drückte sich
im Brautunterricht der
Bräutigam recht bildhaft aus

Seine Braut vor Augen
denke ich bei mir
wiewohl im letzten inkompetent:

Wieso Katze?
Wieso Sack?
Wieso kaufen?

DENKT NACH

Denkt nach, Freunde
wenn ihr vorm Fernsehen sitzt
und euch der amüsante
Ehebruch vorgeführt wird
denkt nach, denn
alle neun Minuten
zerbricht eine Ehe
in unserem Land
wo der Minister spricht
vom Fortschritt
Sechzigtausend Scheidungen
in einem Jahr
hundertzwanzigtausend Menschen
gehen auseinander
nach so viel Umarmungen
und Küssen und Schwüren
und Hoffnungen und
Tränen
Ebenso viele, schätzt man,
scheuen die Scheidung
aber leben getrennt
nach so viel Schwüren
in unserem Land
Denkt an sie
und an die Kinder
all der Umarmungen

Denkt an die Tränen
und Hoffnungen
wenn ihr
vorm Fernsehen sitzt
und euch der amüsante
Seitensprung vorgeführt wird
der Fortschritt, wenn
der Minister spricht
in unserem Land
denkt nach

MODEMUFFEL

Letzter Schrei
in New York, Paris und Oberjosbach:
Heiße Höschen!

Nur in Frankfurt
Uniklinik Zimmer B 412
lautet er anders
der letzte Schrei.

DIE ZEITEN ÄNDERN SICH

Als der Papa heranwuchs
war es wichtig
in der Partei zu sein

Als die Mama heranwuchs
war es wichtig
eine gute Partie zu machen

Für die Jungen die heranwachsen
ist es wichtig
keine Party zu versäumen

Wenn deren Kinder heranwachsen
vielleicht fangen die
wieder von vorne an

ENTWICKLUNG

Vor drei Jahren
warf er einen Stein
in das Schaufenster des
Amerika-Hauses. Und rannte weiter.

Jetzt, als ich ihn traf,
warf er einen Blick
in das Schaufenster von
Dr. Müllers Sexladen. Und schlenderte weiter.

DIE TÄGLICHE REDE AN DIE JUGEND
GEHALTEN SO ODER ÄHNLICH IN ZAHLLOSEN
WOHNUNGEN

Schlag dir die Flausen aus dem Kopf,
mein Sohn: Gerechtigkeit und eine bessre Welt,
das haben wir genau so mal gewollt!
Du müßtest meine Briefe lesen, die ich damals
schrieb. Na schön, dann kam der Krieg dazwischen,
das war ja auch nicht immer ein Vergnügen:
Doch hatten alle wir gewisse Ideale,
mein Bester, nur geht's im Leben dann
nicht immer, wie man will. Selbst der
von dir in letzter Zeit so gern zitierte Jesus:
der Menschenfreund, seid friedlich zueinander —
Respekt, doch sag, was hat er denn erreicht?
Na siehst du, und natürlich wollt ihr jetzt
von Grund auf alles anders machen: Ich sage:
Gar nichts werdet ihr mit euren Spinnereien!
Revolution, wenn ich das Wort schon höre!
Und vorher euch an dem gedeckten Tisch der Eltern
stärken! Daß du das gar nicht einsiehst! Was
hat man nicht schon für euch getan, als ihr
noch klein wart: Junge hier und Junge da,
was möchte denn das Kindchen — und jetzt?
Mein Vater hätte mir was anderes gesagt!
Schon wie du rumläufst, sieh mal deine Haare!
Wie bitte? — Ja, natürlich kannst du gehn.

VERSUCH, DAS WELTBILD EINER UNTER-
SEKUNDA VORDERGRÜNDIG ZU BESCHREIBEN

Hot pants find' ich Klasse!
Mann, Arbeiten macht mich krank!
Die Alten sind alle bescheuert!
In die Kirche gehn ist doof!

Die Pink Floyd find ich dufte!
Klassik ist Kacke! Genau!
Kennst du Ekseption? Klasse!
Fixen ist in und Ficken macht Spaß!

Revolution find' ich einsame Klasse!
Tupamaros sind schick!
Den ganzen Nobelpreis find ich doof!
Versöhnung ist Scheiße! Genau!

GUTER RAT ZUR LINKEN ZEIT

Freu dich, daß du zufrieden bist,
sagt mein Freund, Kompliment, nur:
Laß es die andern nicht wissen,
das ist nicht gefragt, du verstehst.
Stell Fragezeichen ans Fenster, zerschlag es,
damit sie sehn: Du hast Zorn.

Such das Haar in der Suppe.
Geh mit gerunzelter Stirn durch das
tägliche Leben, nenn es beschissen,
nenn's, wie du willst, nur nicht gut.
Stoß zu mit dem Finger, stell zynische Fragen,
wo einer sich wohlfühlt, der Saftsack.

Hau auf den Tisch, knirsch mit den Zähnen,
sei empört, bitte, das ist nun mal der Trend. —
Zur Krimizeit, wenn andächtig wird und
Bierdeckel sammelt die kritische Menschheit,
kannst du die Beine strecken und lächeln
und Kerzen entzünden dem, was du liebst.

ANWANDLUNG

Geld haben wie Heu
    Ich habe kein Heu
    brauche auch keines
    hätte ich welches
    bedeutete es mir nichts
    ich verschenkte es
    an Pferde aber solche
    habe ich auch nicht
    kenne auch keinen der
    solche sein eigen nennt
    was soll ich also mit Heu?

Geld haben wie Heu
    als hätte ich nicht
    als brauchte ich nicht
    als bedeutete es nichts
    als wäre es Heu

WACHSTUM

Deutschland Deutschland
über alles
wächst Gras
und das
Gewerbesteueraufkommen
wächst auch

DAS LIED VOM SCHROTT

Was wir nicht brauchen, werfen wir weg,
Abfall des Wohlstands, Abfall und Dreck.
    Zwar bei dem Gerümpel, dem Ramsch und den Resten,
    vielleicht wär' da manches noch gut zu gebrauchen,
    doch all diese alten und nutzlosen Sachen,
    was sollen wir mit diesen Sachen noch machen?
        Das Leben geht weiter, der Müll muß hinaus,
        vielleicht gibt es einen, der macht noch was draus!

Was nicht modern ist, ist nicht begehrt,
Werte von gestern, heut ohne Wert,
    Begriffe wie Gnade, Geduld oder Glaube,
    vielleicht wär' da manches noch gut zu gebrauchen,
    doch all diese alten vergangenen Sachen,
    was sollen wir mit diesen Sachen noch machen?
        Das Leben geht weiter, wir sind doch nicht dumm,
        vielleicht gibt es einen, der kümmert sich drum!

Was nicht mehr mitkommt, bleibt halt zurück,
Menschen im Schatten haben kein Glück.
    Die Asozialen und nicht ganz Normalen,
    vielleicht wär' da mancher noch gut zu gebrauchen,
    doch all diese Alten und Kranken und Schwachen,
    was sollen wir mit diesen Leuten noch machen?
        Da gibt es doch einen, der sammelt den Schrott,
        der lebt bei den Armen, sein Name ist: Gott.

ANWEISUNG FÜR DURCHREISENDE

Schützt eure Anlagen, Bürger
fahrt mit der Bundesbahn
lehnt euch nicht hinaus
spuckt nicht auf den Boden
bleibt auf dem Teppich
probiert mal die feine
englische Art und füttert
im Winter die Vögel
jenseits des Eisernen Vorhangs
schützt eure Anliegen, Bürger
lehnt euch nicht auf
laßt die Kirche im Dorf
geht nicht ohne Hut
eßt mehr Salat, seid nett
zueinander, werft eure Asche
nicht auf den Boden
verlaßt diesen Ort
wie ihr ihn anzutreffen wünscht.

FREIGEBIG

Man schätzt,
daß der Mensch jährlich
achthundert Millionen Tonnen
an verschmutzenden Substanzen
in die Atmosphäre abgibt.

Ich meine:
So viel muß ihm seine Atmosphäre
schließlich auch wert sein.

DIE LUFT

Die Luft ist rein,
sagte der Dieb,
niemand hat was gemerkt.
Als man es merkte, zu spät,
sah man, was fehlt.
Es war viel.

Die Luft ist rein,
sagte die Industrie,
niemand merkt etwas.
Als man es merkte, zu spät,
sah man, was fehlt.
Es war sehr viel.

TÄGLICH

Täglich fällt ein Giftregen
von 55 000 Tonnen Staub, Ruß,
Kohlenmonoxyd, Schwefeldioxyd
auf den Bundesbürger

Täglich fließen 17 Milliarden
Kubikmeter Chemiebrühe in die drei
größten Trinkwasserquellen
Deutschlands: Rhein, Bodensee, Nordsee

Täglich verwandeln sich
600 000 Tonnen Abfall zu Müllbergen
die Seuchenherde zu werden drohen

Täglich gib uns unser Brot
und vergib uns unsere tägliche Schuld
erlöse uns von dem täglichen Bösen

FALSCHER ALARM

Sollte es nicht gelingen,
das bisherige Tempo der
Luftverschmutzung, der
Wasserverseuchung sowie der
Landzerstörung entscheidend
zu drosseln,
erscheint es mehr als fraglich,
ob die gesamte Menschheit
noch das Jahr zweitausend
erleben wird.
Schrieb eine Zeitung.

Ein Glück, daß uns die
Exegeten da beruhigen können:
Die Vorstellung eines Weltendes
sei ein Rest spätjüdischer
Apokalyptik und mythologischen
Denkens und von da
in das Neue Testament geraten,
also alles andere als
wörtlich zu nehmen.

WAS WIR BRAUCHEN

Was wir brauchen
ist nicht ein weiteres Waschmittel
das Hemden reinigt weißer als weiß
was wir brauchen ist einzig ein Mittel
das unser armes Wasser reinigt
vom Waschmittelweißmacherwahnsinn
denn Hemden gibt's in Hülle
doch Wasser nicht in Fülle

Aber weiß und weich mit dreifachem
Weißmacher weisgemacht von der
händereibenden Industrie
mit dem sanften Lenor-Gewissen
so ist den meisten das Hemd
immer noch näher als der Hals
oder gar unser aller Zukunft

Denn so lang ich nichts weiß
wird mir's nicht heiß
doch wenn ich's erst weiß
und du und wir alle es wissen
dann sitzt der Weiße Riese
dann sitzen sie alle bald in der Falle
und unser Gewissen wird sie nicht vermissen

KEIN ZWEIFEL DAS KOMMT

Kein Zweifel das kommt
die Zukunft aus Plastik
Häuser und Hüte und Hühner
aus Plastik die Eier und
endlich der Plastikmensch
Hit der Saison plastikaktiv
poppig verpackt mit Pep
perfekt programmiert
problemlos und preiswert
der Wegwerfmensch
kein Zweifel das kommt
die Oma das Plastikkind
Plastikbeamte und Popstars
möglicherweise der Papst
die Geliebte aus Plastik
praktisch und pflegeleicht
auf Wunsch parfümiert
in allen modischen Farben
der Wegwerfmensch Porno
kein Zweifel das kommt
das Plastikgeplapper
der Pöbel plastikaktiv
Politik mit Pfiff
Parteien zum Aufblasen
das Wegwerfprogramm
die Zukunft aus Plastik
kein Zweifel das kommt

DEMNÄCHST

Die letzten Paradiese werden angepriesen
und angeflogen. In Nordsibirien
Wasser, das noch nicht gechlort ist
auf Bali eine Palme, die nicht im Kübel steht
im Ruhrgebiet verkauft man Stille
und Luft, nicht in Höchst hergestellt
bei Assisi gibt's eine kleine Kapelle
im Main soll man bei Hanau
einen Fisch gesehen haben
die Leute werden immer anspruchsvoller
jetzt wollen sie sogar Brot essen

VEREHRUNG

Wir verseuchen das Wasser
Wir verpesten die Luft
Wir verräuchern die Lungen
Wir verbrauchen das Herz

Wir verjubeln die Stille
Wir vertreiben die Zeit
Wir verscherzen die Liebe
Wir verraten den Traum

Wir verwerten die Werte
Wir verwalten das Heil
Wir verplanen das Morgen
Wir verehren — Gott

WOZU AUCH?

Wo wir doch in einem
technischen Zeitalter leben
und aufgeklärt sind

Warum eigentlich noch Gottesdienst?
Warum eigentlich noch Kirchen?
Warum eigentlich noch Beten?

Warum noch Bäume Flüsse und Friedhöfe?
Warum noch Sterne Kinder und Schmetterlinge?
Warum noch lachen essen und Mensch sein?

Wo wir doch in einem
technischen Zeitalter leben
wo es doch jetzt Autos gibt
und die Fernsehlotterie
und all das

Heute gilt:
Erkennbarkeit
Machbarkeit
Verkäuflichkeit
Verwertbarkeit

armes Wort Gnade!

Und spüre nichts von dir

Alltäglich denke ich
viele Stunden lang
nicht an dich

Doch manchmal spüre ich
nur sekundenlang
du siehst mich

Dann wieder denke ich
viele Stunden lang
nicht an dich

Es gibt auf Erden
nur ein einziges Problem
das Problem der Anbetung
    sagt Ernest Hello
Ich bin zu nichts
geschaffen als
zur Anbetung
    sagt Henry de Montherland
Die ihn anbeten
müssen Gott anbeten
in Geist und Wahrheit
    sagt Jesus

Das ist überzeugend
aber so überzeugend das ist:
Solange nicht
Mao Che oder Beckenbauer
so was gesagt haben
nützt mir das
unter
vierunddreißig Berufsschülern
oder
siebenundzwanzig höheren Schülern
rein gar nichts

Wir reden so viel von unserm Gott
    und nennen ihn mächtig
    und weise und prächtig
Wir reden zu viel von dir, o Gott
    manchmal such' ich dich
    in dem Schweigen
    fern von den Worten

Wir wissen so viel von unserm Gott
    für alles gibt's Namen
    auf alles ein Amen
Wir wissen zu viel von dir, o Gott
    manchmal such' ich dich
    in den Fragen
    in den Problemen

Wir beten so viel zu unserm Gott
    das könnte uns nützen
    es soll uns beschützen
Wir beten zu viel zu dir, o Gott
    manchmal such' ich dich
    bei den andern
    die dich nicht kennen

Wir eifern so viel für unsern Gott
    wir wollen bekehren
    um dein Lob zu mehren
Wir eifern zu viel für dich, o Gott
    manchmal such' ich dich
    an dem Kreuze
    wo du gehangen

Wir denken an dich
  wenn wir gerade Lust haben
  wenn wir nichts anderes vorhaben
  wenn uns danach zumute ist
  dann sagen wir auch mal:
  Gott!

Wir speisen dich ab
  mit dem Rand und den Resten
  mit den Stimmungen und Launen
  mit den beiläufigen Gefühlen
  damit dienen wir dir:
  Gott!

Wir glauben an dich
  aber ohne uns viel zu denken
  aber ohne uns dabei festzulegen
  aber nur solange es nichts kostet
  damit mußt du zufrieden sein:
  Gott!

Wir leben von dir
  von dem was du uns gibst
  von dem was du uns sagst
  von dem was du uns tust
  davon daß du uns liebst:
  Gott!

Wir sehen den Wald vor den Bäumen nicht
Wir sehn unter Leuten den Menschen nicht
Wir sehen vor Kirchen die Kirche nicht
Wir sehen den Weg, sehen ihn nicht

Wir hörn den Alarm in dem Lärmen nicht
Wir hören den Laut unterm Läuten nicht
Wir hörn in der Stimmung die Stimme nicht
Wir hören das Wort, hören es nicht

Wir können ihn sehen und sehen nicht
Wir können ihn hörn und wir hören nicht
Wir suchen ihn ferne und er ist nah
Wir suchen ihn nicht, doch er ist da

Ich habe vielleicht einmal nicht gebetet
Ich habe vielleicht hin und wieder nicht gebetet
Ich habe manchmal nicht gebetet
Ich habe öfter einmal nicht gebetet
Ich habe oft nicht gebetet
Ich habe nur selten gebetet
Ich habe kaum einmal gebetet
Ich habe fast nie gebetet
Ich habe nie gebetet

In der Auslage
unter den antiquarischen Büchern
finde ich auch eines mit dem Titel:
Die Geheimnisse Gottes.
Leicht angestaubt, darum
preislich stark herabgesetzt:
Früher achtzehnfünfzig
jetzt nur noch vier Mark.

Früher war mir das zuviel,
obwohl ich das Buch öfter in der Hand wog.
Jetzt ist es mir zuwenig:
Was kann schon dran sein an dem,
was keiner haben will
für vier Mark?

Ja, so einer bin ich!

Ich lebe Tag um Tag
so viele Stunden lang
und spüre nichts von dir

Die andern sagen mir
das gibt es einfach nicht
so was wie einen Gott

Laß mich doch dann und wann
und sei's sekundenlang
erfahren daß du bist

Wenn du glaubst
etwas ergriffen zu haben
sagt Augustinus
dann war es gewiß
nicht Gott

Wenn du glaubst
ihn in Zweifel ziehen
oder angreifen oder völlig
ablehnen und leugnen zu müssen —
bist du sicher, daß es
wirklich Gott ist,
den du leugnest?

ABEND

Ich gehe nach Hause
und schalte rasch
den Fernseher an

Ich habe Kopfschmerzen
und nehme rasch
eine Tablette

Ich will ruhig schlafen
und bete rasch
den lieben Gott herbei

ALLTÄGLICHE REDEN AN GOTT
VOR EINER ÖFFENTLICHEN FERNSPRECH-
ZELLE NOTIERT

Ach Gott, du brauchst mir gar nichts zu erzählen . . .
Allmächtiger, was sagt denn da dein Chef!?
Um Gottes willen, sag es niemand weiter —
Du lieber Gott, jetzt ist es schon halb vier!

Mein Gott, wie kann man nur so dumm sein,
Na, Gott sei Dank, daß ich nicht bin wie du!
In Gottes Namen, geh in Frieden,
Weiß Gott, der bringt mich wirklich noch ins Grab.

Mein Gott, sei doch nicht immer so empfindlich!
Ach Gott, so war es wirklich nicht gemeint!
Du lieber Gott, du hältst mich wohl für dämlich!?
Jetzt hör um Gottes Willen endlich auf!

BASTELSTUNDE

Spielen wir heute mal
ein hübsches Spiel für
alt und jung und jedermann:
Do it yourself, wir basteln uns
zum privaten Gebrauch oder
als Zimmerschmuck denkbar
einen hübschen eigenen Gott
ich meinen, du deinen und jeder
den seinen, denkt euch was aus
je nach Geschmack und mit
Farbe und Fantasie . . .
Ich kann mir das Ganze sehr
lustig denken, ein jeder stellt
sich doch irgendwas anderes vor
Nur Mut denn, ans Werk! Die
interessantesten Ergebnisse
werden nachher prämiert!

Wohin ist Gott?
Die alte Adresse stimmt
nicht mehr, und eine neue
haben wir noch nicht.
Wohin sollen wir nun
unsere Bittgesuche und
die gelegentlichen Grüße
richten post mortem Dei?
Keine Angst: Die Post
wird es schon herauskriegen.
Die Post weiß alles, die
hat schon ganz andere
Probleme gelöst.

Wie komme ich zu Gott?
In meinem Lexikon
jedenfalls
führt der Weg zu ihm
über Gotik
Gotland und die
Gotoinseln

Ich glaube nur
was ich sehe
was wissenschaftlich
was der Fernseher sagt
was man halt so glaubt
und so

Ich mache nur
was ich will
was halt alle machen
was man als moderner Mensch
was eben schick ist
wo ich was von habe
und so

Das sagen alle
das höre ich täglich
Die Frage ist nur:

Was mache ich?
Was glaube ich?
Was sage ich?
Was hören die andern
von mir?

Gott ist lange tot,
    wußte der junge Mann.
Seltsam,
    wunderte sich der alte Pater:
Vor einer Stunde
sprach ich noch mit ihm.

Einen ganzen Tag lang im Sommer
warteten fünfzig Urlauber
eines Busses aus Flensburg am
Großglockner, um diesen zu sehn.
Sie sahen indessen nur Nebel und Wolken
und graues Geröll und ein wenig Schnee.
So sehr sie auch schauten mit Augen und Gläsern,
es war nichts zu sehn. — Und sie trafen
zwei Damen aus Tilburg in Holland,
die schon drei Wochen schauten und schauten
auf Geröll und Gewölk, aber vom Berg nichts gesehn.

Jedoch zu zweifeln an diesem Berg,
an seinem realen Vorhandensein,
sah keiner sich abends genötigt,
als sie den Bus dann bestiegen.
Selbst Herr Koch, der ansonsten nur glaubt,
was er sieht (mit eigenen Augen), sonst nichts,
hatte fünf Ansichten des großen Glockners
in Farben gekauft und schrieb hinten drauf
von unvergeßlichen Eindrücken.
Und hatte selber gar nichts gesehn als Nebel.
Und zweifelte doch nicht an dem großen Berg.
Und vertraute dem Österreichischen Alpenverein.

Strahlen der Sonne
ich kann sie nicht greifen
aber sie wärmen mich
ich sehe sie auf allen Dingen

Auf Blende elf drehen oder
die Augen schließen
dankbar sein
man könnte an Gott denken

Wenn du beten willst
so geh in dein Kämmerlein
dein Dunkelkämmerlein
und entwickle das Bild
das Gott sich
von dir gemacht hat

Ich bin Atheist, bedeutet er
dem fragenden Küster
vor dem Beichtstuhl
klopft jedoch ans Holz:
Unberufen toi toi toi!

Spaßvogel, denke ich
innen, Priester an Gottes
Statt: Der erste,
der hier anklopft!
Freundlich sage ich:
Herein!

Hier ist ein Turm und dort ist ein Turm

TRIMM DICH DURCH KIRCHGANG

Bei einer sozio-ökonomischen
Untersuchung, lese ich,
stieß der amerikanische Wissenschaftler
Dr. George Comstock vom Hygiene- und
Gesundheitsinstitut der John Hopkins-Stiftung
auf eine interessante Tatsache:

Regelmäßige Kirchgänger erweisen sich
statistisch gesehen als gesünder
als ihre nicht so frommen Zeitgenossen.
Regelmäßiger schlagen ihre Herzen.
Besser funktionieren die Lebern.
Seltener befällt sie Brustkrebs oder
chronische Bronchitis, und
psychische Schäden kennen sie kaum.
Von hunderttausend Testpersonen,
allesamt Kirchgänger,
waren nur fünfhundert von
Arterienverkalkung befallen,
unregelmäßiger Besuch der Kirche
steigerte die Rate indessen schon
auf neunhundert.

Die Erklärung lieferte
Doktor Comstock gleich dazu:
Glaubensüberzeugung prägt den Lebensstil,
mäßigt Alkohol- und Nikotingenuß,
verhindert Ausschweifungen, weckt
Langschläfer auf und birgt seelische
Ausgeglichenheit. Das muß sich ja
einfach positiv auswirken auf den
Gesundheitszustand. Das muß ja
einfach die Lebenserwartung vergrößern!

Vorausgesetzt freilich,
dies vergaß der große Doktor,
der Gottesdienst regt einen
nicht auf.
Jesus zum Beispiel
wurde nur dreiunddreißig.

ALLGEMEIN

Ihr betet um Frieden
und ihr meint damit
es soll bleiben wie es ist

Ihr betet um Gerechtigkeit
und ihr meint damit
es soll bleiben wie es ist

Wir meinen
es darf nicht bleiben wie es ist
deshalb beten wir
um Frieden
und Gerechtigkeit

Es hat seine Vorteile
wenn in der Kirche alles
ziemlich allgemein formuliert wird

BETRÜBT

Die Bischöfe sind betrübt
über so manches, besorgt um
den Frieden und die Einheit, die
Geschlossenheit, wie sie sagen,
sie fürchten des braven
Volkes Verwirrung.

Wie das?
War das brave Volk also
seither noch nicht verwirrt?
Dieses Volk, das im Finstern wandelt
und seine Ruhe will,
droht ihm Verwirrung erst jetzt
und durch die, die es lehren,
sich umzusehn und
Fragen zu stellen?
Und gibt es also schon wirklich
irgendwo Einheit und Frieden,
die es nun, sozusagen,
nur mehr zu wahren gilt
und nicht erst zu schaffen,
durchzusetzen in der Welt?
Und sollen, sagt es heraus, wirklich
die Reihen wieder geschlossen sein,
fest, wie's im Liede heißt, und
dicht das Ganze und dicht gemacht
und die Luken festlich geschlossen?

Ich habe Zweifel, ob das die Lösung ist.
Doch wenn ihr meint, daß solches
— Geschlossenheit und Gehorsam —
der Einheit dient unter Christen
und ihrer Entwirrung
und sozusagen ihr Beitrag ist
zum Frieden in der Welt,
dann hängt
ans kürzlich renovierte und
etwas geöffnete Tor,
indem ihr's schließt,
wieder das alte Schild:
»Die Kirche ist geschlossen!«

Sollte eines Tages wirklich
der Herr kommen, kann man die Tür,
wie's im Lied so schön heißt,
ja immer noch auftun.

DAS LIED VON DEN ZWEI TÜRMEN

Hier ist ein Turm, und ein Turm ist dort
hier eine Kirche, Kirche auch dort
hier nennt man Gott, und man nennt ihn dort
und man tauft Kinder hier so wie dort
    da leben Christen, dort so wie hier
    leben sie anders, anders als wir?
    warum — leben wir getrennt?

Hier ist ein Wort, und ein Wort ist dort
hier eine Predigt, Predigt auch dort
hier wird gebetet, gebetet dort
und man sagt Amen hier so wie dort
    da glauben Christen, dort so wie hier
    glauben sie anders, anders als wir?
    warum — glauben wir getrennt?

Hier ist ein Tisch, und ein Tisch ist dort
hier hält man Mahl, und Mahl hält man dort
hier nimmt man Brot und den Kelch wie dort
und man sagt Jesus hier so wie dort
    da feiern Christen, dort so wie hier
    feiern sie anders, anders als wir?
    warum — feiern wir getrennt?

VIELLEICHT

Die Christen sind zu lehren,
daß, wer den Armen gibt
und den Bedürftigen leiht,
besser handelt,
als wer Ablässe kauft.
43. Lutherthese.
Das ist klar, sagen heute
die Katholiken, zumindest
die deutschen, sie werden
ungern erinnert an die Zeit,
da Ablässe zum Repertoire
gehörten. Ach, wär's ihnen
nur 450 Jahre früher
auch schon so klar gewesen
und hätten sie's gesagt
die deutschen Katholiken,
wir wären weiter.
Denn zwischen Erkennen
und Tun liegt ja nochmals
ein weiter Weg. Aber
vielleicht können wir
den jetzt wenigstens
gemeinsam gehn.

FRAGE

Ich lese:

Wenn du weißt, daß dein Bruder
etwas gegen dich hat, dann laß deine Gabe
vor dem Altar, geh und versöhne dich zuerst,
dann komm und feiere deinen Gottesdienst.

Ich frage:

Warum hat man dann,
wenn das so gesagt ist,
getrennt und unversöhnt
das Opfer der Opfer gefeiert
jahrhundertelang, und tut es
getrennt und unversöhnt
noch heute an jedem Tag neu?

KONSEQUENZEN

Als ich Christ wurde
ahnte ich nicht
daß dies bedeutet
Taufscheininhaber
Pfarrangehöriger
Kirchensteuerzahlungspflichtiger
Gottesdienstbesucher
Predigthörer
Sakramentenempfänger
Kirchenvorstandsmitglied
Männerkreisvorsitzender
Kirchenblattausträger
Caritassammler
Altenfahrtteilnehmer
um nur einiges
anzuführen

GEDANKE

Tönendes Erz und
klingende Schelle
es läutet und klingelt
von Turm und Altar.
Manchmal muß ich an
1 Korinther 13 denken:
Und hättet die Liebe
nicht, so wäret ihr . . .
siehe oben!

FESTLICHE ANLÄSSE

Wir bauen Kirchen in unsere Welt,
das fällt uns leicht,
sie sollen bezeugen, daß Gott bei uns wohnt.
Doch selber zu zeigen, wie nahe Gott ist,
das fällt uns schwer,
so bauen wir Kirchen in unsere Welt,
manchmal zu groß.

Wir läuten Glocken in unsere Welt,
das fällt uns leicht,
die sollen erklingen als mahnender Ruf.
Doch selber Menschen erinnern an Gott,
das fällt uns schwer,
so läuten wir Glocken in unsere Welt,
manchmal zu laut.

Wir halten Reden in unsere Welt,
das fällt uns leicht,
sie sollen den Glauben begründen und lehrn.
Doch selber täglich den Glauben bewährn,
das fällt uns schwer,
so halten wir Reden in unsere Welt,
manchmal zu leer.

PFARRGEMEINDERAT

Von Programmen sprachen wir
    und Tagesordnungspunkten
von Aktionen sprachen wir
    und von Sofortmaßnahmen
von Modellen sprachen wir
    und neuen Perspektiven
von Problemen sprachen wir
    und Meinungsäußerungen
von Strukturen sprachen wir
    und von Gemeindebildung

    Von Jesus Christus
    sprachen wir nicht
    und seine Meinung
    war nicht gefragt
    so hing er still am Kreuz
    aus Oberammergau

ZUM OLYMPIAJAHR IN BAYERN

Besichtigend eine kleine
bayerische Barockkirche
bestaune ich den
berühmten Hochaltar:
Auf dem höchsten Podest
in der Mitte sehe ich
ganz in Gold: Maria.
Niedriger dann und
rechts von ihr in
Silberrüstung: Georg.
Auf der anderen Seite
Bronzemedaille sozusagen
zeigt Jesus sein Herz.
Er war mal der Größte.
Trotzdem bleibt er
mein Favorit.

FORTSCHRITT

Weihrauch —
was war das doch eine harmlose Sache
gegenüber der Art
wie sich heute eine gewisse Art von Theologen
einzunebeln weiß

GÜNSTIGE PREISE

Christ sein: Glauben an
den einen Namen Jesus Christus
der für neues Leben steht
und das alte Leben kostet
Doch haben die christlichen
Kirchen die Preise gesenkt:
Die Kinder zwar mahnt man zu
gewissen Pflichten, doch zur
Kirchenmitgliedschaft ist später
nicht Glaube und Tun und Bekennen
nur mehr Nichtaustreten und
Weiterzahlen der Kirchensteuer
erforderlich. Nichts sonst.
Durchweg sogar nicht einmal das.
Der Pfarrer beerdigt Sie in jedem
Fall sofern Anzeichen von Reue
oder doch Anzeichen von Anzeichen
nicht ganz auszuschließen sind
so wurde uns versichert

KLEINE BITTE AN ROM

Geheimnis —
nicht
Geheimniskrämerei
des Glaubens!

KÄSE

Sommer und Winter
so ist das Leben
es blühen die Blumen
die Kuh frißt den Klee
aber nur so
kommt der Käse
auf unseren Tisch

Nur in der Kirche
geistert Entsetzen
wenn im Tauwetter das
tridentinische Eis schmilzt
wenn der Habicht
offensichtlich kein Huhn ist
und Paul nicht Johannes
wenn Herr Küng erntet
was der Kardinal
nicht gesät hat
und es auch mal ins
progressive Heu regnet

RUF DER STUNDE

Nieder mit
jener gepflegten
christlichen Innerlichkeit!

Hoch also
jene ungepflegte
unchristliche Äußerlichkeit!?

AKTUELL

Aber klar gehn wir mit der Zeit
im Ernst, hier ist immer was los
Beat- oder Schrammelmesse, auch Mozart
Altar auf Rädern, der Pfarrer liest Zeitung
Kollekte für die Revolution, warum nicht
Hostien mit Pfefferminzgeschmack
Buße 74, Gott wäscht weißer
Evangelium mit Pfiff, das gewisse Etwas
der beste Jesus, den es je gab
knallhart, mit Weltauftrag, sagenhaft
wir sind inzwischen so attraktiv
daß sich die Tische beim Abendmahl
und die Balken biegen am Kreuz
aber gerade das ist es, was ankommt!

VORSCHLÄGE, DEN GOTTESDIENST ZU VERÄNDERN

Man drücke den
Kirchenbesuchern
gleich am Eingang
Staubtücher in die Hand
mit der Bitte, in der Kirche
alles vom Staub der
Jahrhunderte zu befreien

Oder
man beginne
Kirchenbänke nach
außen zu schleppen
und versteigere das
restliche Inventar
mal sehen was die Leute
bieten und was ihnen Kanzel
Orgel und Beichtstuhl wert sind

Oder
man eröffne den
Besuchern flüsternd
leider sei der Kirche
der Kontakt zur Wirklichkeit
verlorengegangen und alle

möchten sich nun bitte an der
Suche beteiligen vielleicht liege
besagter mittelgroßer Kontakt
unter einer Kirchenbank oder
sonstwo

Oder
man mute den Leuten
gekommen um sich zu erheben
oder ihrer Pflicht zu genügen am Sonntag
oder zu träumen vor sich hin
das Unmögliche zu:
Vor Gott stille zu sein
und anzubeten und ihr Leben zu ändern
Aber Vorsicht: Das kann Folgen haben!

DEMOKRATISIERUNG DER KIRCHE

»Eine Gemeindeversammlung
der Baptistenkirche in
Macon, Virginia, beschloß
mit 259 gegen 89 Stimmen,
ihren Pfarrer, ihren Hilfsgeistlichen
und den Organisten
fristlos zu entlassen und
aus der Gemeinde auszuschließen.
Grund:
Alle drei waren dafür eingetreten,
zu den Gottesdiensten
auch Neger zuzulassen.«

UNBEIRRTE VERKÜNDIGUNG

und Gott sitzt hoch auf einem Thron
    und Gott sitzt nicht auf einem Thron!
und Gott sitzt doch auf seinem Thron
    ja ja, das wissen wir nun schon!
und Gott sitzt doch auf seinem Thron
    na und, was haben wir davon?
und Gott sitzt doch auf seinem Thron
    wir fordern eine Diskussion!
und Gott sitzt doch auf seinem Thron
    der Prediger ans Telefon!
und Gott sitzt doch auf seinem Thron

AUSSICHTEN

An zwei Sonntagen im Jahr
zwei von zweiundfünfzig
hält die ältere Generation
der Gemeinde von St. Marien
den Gottesdienst der Jugend
im Blick auf gestern
für unvertretbar
Ausnahmen bestätigen die Regel

Sonntag für Sonntag aber
fünfzig also im Jahr
hält die jüngere Generation
der Gemeinde von St. Marien
den normalen Gottesdienst
im Blick auf heute
für unvertretbar
Ausnahmen bestätigen die Regel

Die Chancen für die Kirche
und ihre Gottesdienste
stehen also, würde ich sagen
zumindest in der Gemeinde St. Marien
im Blick auf morgen
zwei gegen fünfzig
mit anderen Worten
eins zu fünfundzwanzig
Ausnahmen werden die Regel
bestätigen

FRAGE

Seltsam ist das schon:

Dem alten Herrn
der mißtrauisch ist
verängstigt gegen alles Neue
und erhalten will was ist
spreche ich von dem
was anders werden muß und
von Jesus von Nazareth

Dem jungen Mann
der mißtrauisch ist
verärgert gegen alles Alte
und verändern will was ist
spreche ich von dem
was erhalten werden muß und
von Christus dem Kyrios

Nicht Fisch noch Fleisch also
Mittelmaß, das ich bin
schon weil Mitte Vierzig

Oder
vermittle ich den Mittler
der Jesus und Christus ist
der aufbegehrte und gehorsam war
der war und sein wird
immer derselbe und
immer der ganz andere?

NACH EINER MESSFEIER IN L. NOTIERT

Redet nicht so daher
auf den Kanzeln
ich bitte euch, Brüder,
mit diesen glatten
und fertigen Stimmen,
die alles wissen und darum
nicht einmal nichts
von allem begreifen.

Redet nicht so daher,
ich bitte euch, Brüder,
von Gott und der Welt
und was ihr so nennt
das Gebet, denn ihr
lebt von der Gnade.

Redet nicht so daher
routiniert und rasant
da ihr Brot nehmt und Wein
das Geheimnis des Glaubens
ihr kündet den Tod
des Herrn bis er kommt.

Ergreift das Wort nur
das euch ergriffen hat
seid lieber still
daß wir hören im Schweigen
und wie auf den Knien
das Wort von Gott.

EXPERIMENT

Warum soll immer nur
der Chirurg operieren
der Richter rechtsprechen
der Ingenieur Brücken bauen
der Journalist schreiben
der Fußballer Tore schießen
der Pfarrer predigen?

Laßt doch mal andere ran
unverbildet wie die sind
können sie das alles
vielleicht viel besser!

Bei uns operieren jetzt die Ingenieure
die Chirurgen verteidigen das Lebensrecht
die Richter bauen goldene Brücken
die Verbrecher machen Schlagzeilen
die Politiker predigen vom Paradies
die Pfarrer schießen Eigentore.

WÖRTER SAMMELN

Ein Mitbruder (sagt man noch so?)
also gut: Ein Kollege
zeigte mir voller Stolz
sein Wort-Antiquariat, eine
ansehnliche Sammlung von Wörtern:
früher in der Kirche sehr beliebt,
kann man sie heute, so meint er,
kaum noch hören:

Ich lese: Ablaß, Arme Seelen, Tugend, Lehramt,
    Gnadenmittel, heiligstes Herz, Jammertal,
    Jungfräulichkeit, Schutzengel, Thronerhebung,
    Heiland, Seelenbräutigam, süßestes Herz,
    heiligmachende Gnade, kostbares Leiden,
    Sündenlast, Rettung unsterblicher Seelen,
    unfehlbar, mildreich, barmherzigst . . .

Davon beeindruckt, beginne
auch ich jetzt zu sammeln
beizeiten und lege hiermit
den Grundstein. Ich vermute,
daß man das heut Übliche
morgen auch nicht mehr hören kann.

Ich notiere: Dialog, Weltauftrag, Engagement,
    Demokratisierung, Mitmenschlichkeit,
    Fortschritt, Einsatz, dienende Kirche,
    aufgeschlossen sein, kritisch, progressiv,
    zur Welt geöffnet, sich solidarisieren,
    Synodale Gremien, Strukturveränderung . . .

In ein paar Jahren dann
werde ich stolz meine
Kuriositäten-Sammlung
zeigen. Die werden staunen!

AN DIE JUNGEN

Hört endlich auf
mit dem öden albernen Spiel
alles in Frage zu stellen
nur nicht das Fragen —
alle in Frage zu stellen
nur nicht euch selber!

Wenn's schon modern ist
Tabus zu zertrümmern
geht doch ran
seid endlich mal kritisch
und nicht nur modisch
macht kaputt
was euch kaputt macht:

Stellt euch in Frage
stellt euer Fragen in Frage
stellt die Frager in Frage!

Sucht endlich
nach Antwort
vielleicht
einer besseren Antwort!

Sagt endlich:
Hier bin ich
das will ich
das mache
das verantworte ich!

Werden Gerechte gesucht

Und das, Freunde, soll nun
wirklich die berühmte
Revolution sein: nur die Plätze
getauscht, erst die, nun wir?
Das soll allen Ernstes die
verheißene neue Gesellschaft sein
der befreite Mensch: Diese
unveränderten unbelehrbaren und
unausgelüfteten Leute mit den
alten Parolen und Liedern?

Nein, das darf einfach
nicht wahr sein! Fordern wir
also hiermit die Revolution
der Revolution, den wirklich
neuen Weg, die Veränderung
der Herzen, der Menschen, die
Bekehrung! Dann und nur dann
ändert sich die Welt!

Oft höre ich sagen
Um ein Mensch zu sein
anständig nett und tolerant
dazu
brauch ich keine Kirche
keinen Gottesdienst
und all das

Mag sein
Doch um das Licht der Welt
zu sein das Salz der Erde
Diener der Versöhnung Ausspender
der göttliche Geheimnisse
Anfang seiner neuen Schöpfung
um zu den Anbetern zu zählen
in Geist und Wahrheit denn
solche sucht der Vater
dazu
brauche ich die Kirche
den Glauben den Gottesdienst
das Wort und das Brot
und all das und
den Menschensohn den Gottessohn
um Mensch zu sein
wie Gott ihn will
ich brauche ihn und denke
du brauchst ihn auch

In der Kirche sehn viele heut
nur Niedergang, und man sagt,
da ist Auflösung von Werten —
  doch wenn wir Salz
  für die Erde sind
  und Salz sich auflöst
  und alles würzt —
    darf man's bewahren?

In der Kirche sehn viele heut
nur Niedergang, und man sagt,
da kommt alles jetzt ins Schwimmen —
  doch wenn man die Kirche
  als Schiff versteht,
  ein Schiff liegt nicht nur
  im Hafen fest —
    laßt es doch schwimmen!

In der Kirche sehn viele heut
nur Niedergang, und man sagt,
da geht alles in die Binsen —
  doch wenn in den Binsen
  die Wahrheit ist,
  die Binsenwahrheit
  zu finden ist —
    muß man nicht hingehn?

Es ist also wieder mal chic
auszutreten aus der Kirche
wie damals dreiunddreißig und
die zwölf Jahre danach, da
ging man auch mit der Zeit
die war damals braun und voller
Bewegung, da mußte einer dabei sein
und Christentum —
das war nicht zeitgemäß.

Und heute ist es wieder chic
auszutreten aus der Kirche
viele, die ich kenne, tun das
denn man muß mit der Zeit gehn und
die ist diesmal aufgeklärt, da
kann man nicht von gestern sein
und Christentum —
das ist nicht zeitgemäß.

Ich gebe zu: Ich liebe diese Kirche
so wie sie ist, ich kenne ihre Fehler
doch sagt sie mir das Wort, das mich erlöst
und mich erkennen läßt, was Leben ist.
Denn glaubt es mir: der letzte Schrei
ist nicht das letzte Wort, denn das
wird sprechen, der das Wort im Anfang war.

Die Schwalbe macht noch keinen Sommer
ein Stein, daraus wird noch kein Haus
die Knospen sind noch nicht die Blüten
ein Wort, was richtet das schon aus?
Doch kommt der Sommer mit den Schwalben
aus Steinen wächst so manches Haus
es blühn bald überall die Bäume
ein Wort, das richtet Frieden aus.

Ein Körnchen füllt noch keine Kammer
ein Tropfen fällt auf heißen Stein
was kann denn einer schon erreichen
die Hand, rührt sie sich nicht allein?
Und dennoch ist etwas geschehen
denn steter Tropfen höhlt den Stein
die Hand die wäscht dann schon die andre
im Körnchen kann die Wahrheit sein.

Ein kleiner Kreis beginnt zu leben
am Anfang fühlt man sich allein
man geht daran sich zu verändern
und will Gemeinde Christi sein
In ihrer Mitte sieht man Zeichen
daß Gottes Herrschaft bricht herein
Er will durch sie die Welt erneuern
und allen Menschen Zukunft sein.

Gesetzt den Fall: Wir haben einen Glauben
so stark und fest, um Berge wegzurücken
gesetzt den Fall: Wir können ihn bezeugen
in unsrer Welt, daß alle sich bekehren
    Ohne die Liebe
    sind wir nichts.

Gesetzt den Fall: Wir formen eine Kirche
ganz zeitgemäß, wie sie so viele wünschen
gesetzt den Fall: Wir werden die Gemeinde
die in der Welt die Zukunft Gottes kündet
    Ohne die Liebe
    hilft das nichts.

Gesetzt den Fall, Wir helfen allen Armen
wir geben Brot, wir teilen, was wir haben
gesetzt den Fall: Wir ändern die Strukturen
in unsrer Welt und lösen die Probleme
    Ohne die Liebe
    nützt das nichts.

Herr,
mache deine Kirche zum Werkzeug deines Friedens
    Wo Menschen sich befehden
    ein jeder gegen jeden
    hilf uns den Frieden schaffen
    in einer Welt von Waffen

Herr,
mache deine Kirche zur Stimme deiner Wahrheit
    Inmitten von Intrigen
    Verdrehungen und Lügen
    hilf uns die Wahrheit finden
    und unbeirrt verkünden

Herr,
mache deine Kirche zum Anwalt aller Armen
    Daß sie stets auf der Seite
    der Unterdrückten streite
    hilf uns das Recht verbreiten
    auch für die Minderheiten

Herr,
mache deine Kirche zum Anfang deiner Zukunft
    Daß alle in ihr sehen
    die neue Welt entstehen
    du kannst uns Menschen einen
    Herr, laß dein Reich erscheinen

Die Kirche
als Hindernis
als Bremsklotz
als Störfaktor
als Fremdkörper
auf dem Wege der
Menschheit zum
gesellschaftlichen
und privaten Unheil
das fortschreitet
und darum durchweg
als fortschrittlich gilt

Die Kirche
als kritische Instanz

Aber meistens passen wir
passen uns lieber an

MISSVERSTÄNDNIS

Die Jünger Jesu sollen sein,
das steht geschrieben:

die Hefe im Teig
das Licht in der Welt
die Stadt auf dem Berge

Aber nicht:

die Axt im Walde
das Haar in der Suppe
die Made im Speck

EXODUS

Ich lese beeindruckt
in einem gefalteten Prospekt
wieviel Anstalten
die Kirche unterhält.

Ob sie nicht besser
Anstalten macht jetzt
zu packen das Nötigste
vor dem Aufbruch in die Wüste
dem Exodus (nein, nicht Exitus!)
für vierzig Jahre
und vielleicht mehr?

Aber vielleicht warten wir
noch etwas, ob sich
auf das Inserat im Kirchenblatt:
Moses gesucht!
nicht doch jemand meldet

INKONSEQUENT

Frag hundert Katholiken
was das wichtigste ist
in der Kirche.
　　Sie werden antworten:
　　Die Messe.

Frag hundert Katholiken
was das wichtigste ist
in der Messe.
　　Sie werden antworten:
　　Die Wandlung.

Sag hundert Katholiken
daß das wichtigste in
der Kirche die Wandlung ist.
　　Sie werden empört sein:
　　Nein, alles soll bleiben
　　wie es ist!

MINDERHEIT

Inmitten dieser großen
unübersehbar großen Mehrheit
die lebt und lebt doch nicht
die alles weiß und doch nicht weiß
was Leben ist und Heil

da lebt die Kirche als
verschwindend kleine lächerliche
Minderheit, die auch nur ahnt
mitunter und im Glauben
vielleicht an sich erfährt
was Leben ist und Heil

und doch berufen ist
in dieser Welt als
Stimme einer Hoffnung, die
für jeden Türen offenhält
bis der erscheint in Herrlichkeit
der Leben ist und Heil

GENESIS 18, 20—32

In dieser großen Stadt
aus Blech und Betrug
werden gesucht
Gerechte
fünfzig, heißt es
Männer Frauen Kinder
Greise, fünfzig, die
noch atmen, noch
Menschen sind zwischen
Matratzen und Müll und
Abgas, die noch nicht
Gummi geworden und Gebrüll
und Waschpulver, die
noch leben, noch
lachen, noch beten
unter der Dunstglocke
noch Augen haben
fünfzig, wo sind sie
fünfundvierzig im Smog
im Stress, vierzig
Gerechte, heißt es
auch dreißig notfalls
unter
sechshunderttausend
Ratenzahlern und
Ramschverbrauchern und
Stromabnehmern

dreißig Menschen gesucht
gerecht, also
gegen den Strom, zwanzig
und wären's nur zehn
die gerecht sind, nur zehn
irgendwo in den
Büros und Betrieben, den
Beatschuppen, den Boutiquen
am Bahnsteig
nur zehn, bitte melden
wir sind für jeden
Hinweis dankbar
Denn
um ihretwillen
wichtige Durchsage
soll die große Stadt
vielleicht noch einmal
verschont werden

                                      spricht der Herr

Selbst wenn wir keine Kirche mehr haben
keinen Turm keine Glocke keine Orgel
keine Kirchensteuer keine Paramente
keine Kerzen keinen Kelch keine Kanzel
kein Buch kein Bild keinen Altar
wir hätten noch immer das Wort und das Brot

Und hätten wir dieses nicht mehr
so wüßten wir doch den einen und einzigen Namen
und könnten bekennen: Jesus ist Herr
und hätten die eine und einzige Hoffnung
die alles aufwiegt
die alles ändert
die alles möglich macht

Vorläufig aber vertrauen wir lieber noch
auf Bild und Buch und Steuer und Turm
und es ändert sich nichts
und wir sagen: unmöglich

Kennst du eigentlich unter deinen Freunden
einen, der gläubig geblieben ist
der, wie man sagt, den Glauben lebt
nicht nur für sich, privat, sondern
der was ausgibt davon, was merken läßt
kennst du einen?

Oder kennst du unter deinen Freunden
einen, der gläubig geworden ist
der, wie man sagt, den Glauben lebt
nicht nur für sich, privat, sondern
der was ausgibt davon, was merken läßt
kennst du einen?

Wenn nicht, so sei dieser eine
der noch immer, schon wieder gläubig ist
der, wie man sagt, den Glauben lebt
nicht nur für sich, privat, sondern
der was ausgibt davon, was merken läßt
sei dieser eine für die andern!

Sag, wofür lebst du?

Wir wollen alle glücklich sein
und sind doch manchmal sehr allein
und mancher ist verloren
    Herr, erbarme dich
    Herr, erbarme dich
    daß keiner ist verloren

Wir leben ohne Plan und Ziel
und würfeln um das Glück im Spiel
und mancher hat verloren
    Herr, erbarme dich
    Herr, erbarme dich
    daß keiner hat verloren

Wir leben hin in Glück und Leid
und bis zum Tod, das ist nicht weit
und mancher geht verloren
    Herr, erbarme dich
    Herr, erbarme dich
    daß keiner geht verloren

Menschen haben viele Fragen
manche haben schwer zu tragen
Herr, erbarme dich!

Menschen spüren ihr Versagen
du hilfst unsre Last zu tragen
Christ, erbarme dich!

Menschen zweifeln und verzagen
hilf uns, ihre Last zu tragen
Herr, erbarme dich!

Geheimnis
    über uns
    über allem, was oben ist
    größer als der größte Mensch
    die mächtigste Macht

                             Herr, erbarme dich

Geheimnis
    unter uns
    unter allem, was unten ist
    kleiner als der kleinste Mensch
    die ohnmächtigste Ohnmacht

                           Christ, erbarme dich

Geheimnis
    nah' bei uns
    nah' bei allem, was nahe ist
    näher als der nächste Mensch
    die wirklichste Wirklichkeit

                           Herr, erbarme dich

Sag, warum glaubst du
    noch immer
    schon wieder
    immer wieder neu?
    Vielleicht weil einer an mich glaubt
    darum glaub' ich.

Sag, worauf hoffst du
    noch immer
    schon wieder
    immer wieder neu?
    Vielleicht daß einer mir vertraut
    darauf hoff' ich

Sag, wofür lebst du
    noch immer
    schon wieder
    immer wieder neu?
    Vielleicht daß einer durch mich lebt
    dafür leb' ich

ZWISCHEN DIR UND MIR

Zwischen den
beiden Polen
den Elektroden
zündet der
Funke

Aus der Spannung
zwischen den beiden
stromführenden
Kohlen strahlt die
leuchtende Kraft
der Lichtbogen

Mitten unter uns
von Mensch zu Mensch
zwischen dir und mir
die Liebe
das Ereignis
Gottes

KLEINES LIEBESLIED

Aus Traum und Tränen sind wir gemacht
    wenn du trauerst
    will ich dich trösten

Aus Tag und Abend sind wir gemacht
    wenn dir kalt wird
    will ich dich wärmen

Aus Angst und Hoffnung sind wir gemacht
    wenn du Tod sagst
    sage ich Leben

DIE SIEBEN SCHWÜRE
EIN HOCHZEITSLIED

Gehst du mit mir
dann folge ich dir
   an jeden Ort

Sprichst du mit mir
dann sage ich dir
   mein schönstes Wort

Lebst du mit mir
dann teil' ich mit dir
   mein Haus mein Brot

Weinst du mit mir
dann bleib' ich bei dir
   in aller Not

Lachst du mit mir
dann geh' ich mit dir
   auf jeden Tanz

Schläfst du mit mir
dann gebe ich dir
   mich selber ganz

Träumst du mit mir
dann zeige ich dir
   das Paradies

FLITTERWOCHEN

Ich bin ein Kind noch und möcht' spielen
auch wenn du's albern findest und naiv,
ich kann mit Ohren wackeln und auch schielen
und Nachlauf spielen oder Detektiv.

Ich kann auch zaubern, wolln wir wetten?
Ach nein, ich weiß ein Spiel ganz für uns zwei:
Du mußt mich aus der Hand der Räuber retten,
ich sitz' im Schrank gefangen, mach mich frei!

Du bist mein Prinz und mein Befreier,
ich bin Dornröschen und ich bleib' bei dir!
Ich koch' dir Essen, heute gibt es Eier,
zum Nachtisch Pudding und ein großes Bier.

Ich möchte gerne deine Träume wissen
und ob du Kummer hast in deinem Bauch,
doch wenn du stur bist, werf' ich dich mit Kissen
und spiele Bösesein, das kann ich auch.

Das nächste Spiel ist dann Versöhnen,
da mußt du sagen: Komm mein Schatz, verzeih!
Und ich muß dich nach Herzenslust verwöhnen
und das nicht nur im Wonnemonat Mai!

Ich tanz' dir rum auf deiner Nase,
du lieber Mann, ich setz' mich in dein Ohr.
Ich bin dein Steckenpferd, dein Osterhase,
ich bin ein Kind noch, trag es mit Humor!

ZWEI MENSCHEN

Wir reden
Wir reden dauernd
aneinander vorbei

Wir reden
Wir reden uns
immer weiter auseinander

Vielleicht
schweigen wir uns
wieder zusammen

TAUFLIED

Kein Paradies können wir dir geben
in dieser Welt, kleines Menschenkind
    aber die Eltern
    und deine Verwandten
    sie lieben dich sehr
    aber die Paten
    die Freunde und Nachbarn
    sie stehen dir bei
    aber die Menschen
    aus dieser Gemeinde
    sie gehen mit dir

Kein Schloß von Gold können wir dir schenken
kein Zauberwort, kleines Menschenkind
    aber den Namen
    des ewigen Gottes
    der will, daß du bist
    aber das Zeichen
    in dem du erlöst bist
    das Kreuz auf der Stirn
    aber das Wasser
    der Taufe zum Leben
    das strömt über dich

Kein Horoskop können wir dir zeigen
aus lauter Glück, kleines Menschenkind
    aber die Hoffnung
    zu der du gesalbt bist
    ein Christ sollst du sein
    aber die Liebe
    sie soll dein Gewand sein
    das kleidet dich gut
    aber den Glauben
    das Licht auf dem Leuchter
    so leuchte auch du

SEGENSLIED ÜBER EIN KIND

Segne dieses Kind und hilf uns, ihm zu helfen,
daß es sehen lernt mit seinen eignen Augen
    das Gesicht seiner Mutter
    und die Farben der Blumen
    und den Schnee auf den Bergen
    und das Land der Verheißung

Segne dieses Kind und hilf uns, ihm zu helfen,
daß es hören lernt mit seinen eignen Ohren
    auf den Klang seines Namens
    auf die Wahrheit der Weisen
    auf die Sprache der Liebe
    und das Wort der Verheißung

Segne dieses Kind und hilf uns, ihm zu helfen,
daß es greifen lernt mit seinen eignen Händen
    nach der Hand seiner Freunde
    nach Maschinen und Plänen
    nach dem Brot und den Trauben
    und dem Land der Verheißung

Segne dieses Kind und hilf uns, ihm zu helfen,
daß es reden lernt mit seinen eignen Lippen
    von den Freuden und Sorgen
    von den Fragen der Menschen
    von den Wundern des Lebens
    und dem Wort der Verheißung

Segne dieses Kind und hilf uns, ihm zu helfen,
daß es gehen lernt mit seinen eignen Beinen
    auf den Straßen der Erde
    auf den mühsamen Treppen
    auf den Wegen des Friedens
    in das Land der Verheißung

Segne dieses Kind und hilf uns, ihm zu helfen,
daß es lieben lernt mit seinem ganzen Herzen

LIED ZUR TAUFE

Wir taufen mit Wasser.
Einen aber gibt es, der ist größer,
der tauft mit Geist und mit Feuer.

    Wir sind geboren, wir nennen es Leben,
    haben empfangen und müssen geben.
    Menschsein heißt teilen die Freuden und Sorgen,
    glauben und lieben, hoffen auf morgen.

Wir taufen mit Wasser.
Einen aber gibt es, der ist größer,
der tauft mit Geist und mit Feuer.

    Glauben und lieben und hoffen auf morgen,
    noch ist das Heil den Augen verborgen.
    Christus hat uns seinen Namen gegeben,
    in diesem Namen werden wir leben.

Wir taufen mit Wasser.
Einen aber gibt es, der ist größer,
der tauft mit Geist und mit Feuer.

PSALM 139

Herr, ja du kennst mich genau.
Du liebst mich und blickst zu mir hin
wo ich auch bin.

Was ich auch denke, erkennst du,
wohin ich auch geh', was ich tu',
alles weißt du.

Steig' ich zum höchsten der Himmel,
tief in der Erde, auch da
bist du mir nah.

Flög' ich dem Morgenrot nach
über Meere nach Ost oder West
du hältst mich fest.

Manchmal da geh' ich ins Dunkel,
verstecke im Finsteren mich,
doch du siehst mich.

Du hast mein Innres gebildet,
immer hast du mich gesehn
und kannst verstehn.

Du bist mein Atem, mein Leben,
nichts ist verborgen vor dir,
du bist bei mir.

ICH SCHÄME MICH

Was sage ich einem Menschen
der am Ende ist?
Was sage ich ihm
unter vier Augen in seine Sorgen
am Grab der Liebe in sein Alleinsein
am Krankenbett in seine Schmerzen
im Todeskampf in seine Angst?
Sage ich auch:
Kann man nichts machen
es erwischt jeden einmal
nur nicht den Mut verlieren
nimm's nicht so schwer
vielleicht ist's morgen schon besser
sage ich das?
Sage ich nichts als das?
Ich sollte doch kennen
den einen und einzigen Namen
der uns gegeben ist unter dem Himmel.
Ich kenne ihn auch und doch
schweige ich.
Ich schäme mich.

Sind wir die letzten, die glauben?

Wir haben diskutiert
bis nach Mitternacht
ob Glauben
die Menschen
zufrieden oder unzufrieden
ruhiger oder unruhiger
macht

Am Ende waren wir
gar nicht zufrieden und
schliefen auch schlecht

Wie
soll man das nun
deuten?

ZWISCHENERGEBNIS

Sicher zuweilen
des Glaubens
sicher zuweilen
des Zweifels

Sicher nicht sicher
des Zweifels am Glauben
nicht sicher
des Glaubens der glaubt
an den Zweifel

Sicherer schon
des Zweifels am Zweifel
und
sicherer auch
des Glaubens der glaubt
an den Glauben
der auch
in den Zweifeln zu glauben
wagt

Ich setze mich zur Lesung
ich höre (nicht)

Ich stehe auf zum Evangelium
ich höre (nicht)

Ich setze mich zur Predigt
ich höre (nicht)

Ich stehe auf zum Credo
Ich glaube (nicht)

O Herr, das ist so lange her
was damals ist geschehen
uns fällt das Glauben heute schwer
Herr, laß dein Reich uns sehen!

O Herr, das ist so lange her
daß Himmel standen offen
die Zuversicht fällt uns so schwer
Herr, hilf uns auf dich hoffen!

O Herr, das ist so lange her
daß man dich konnte schauen
uns fällt das Beten heute schwer
Herr, hilf uns dir vertrauen!

O Herr, das ist so lange her
daß du dein Kreuz getragen
das Konsequentsein fällt uns schwer
Hilf uns, es doch zu wagen!

Worauf sollen wir hören, sag uns worauf?
    So viele Geräusche —
        welches ist wichtig?
    So viele Beweise —
        welcher ist richtig?
    So viele Reden —
        ein Wort ist wahr.

Wohin sollen wir gehen, sag uns wohin?
    So viele Termine —
        welcher ist wichtig?
    So viele Parolen —
        welche ist richtig?
    So viele Straßen —
        ein Weg ist wahr.

Wofür sollen wir leben, sag uns wofür?
    So viele Gedanken —
        welcher ist wichtig?
    So viele Programme —
        welches ist richtig?
    So viele Fragen —
        die Liebe zählt.

Evangelium heißt Befreiung
    es macht uns frei von dem, was war
    von dem, was man so tut
    und daß man doch nichts machen kann
    es gibt uns neuen Mut

Evangelium heißt Befreiung
    es macht uns frei von Haß und Neid
    es reißt die Mauern ein
    die Menschen immer noch entzwein
    und läßt sie Brüder sein

Evangelium heißt Befreiung
    es macht uns wach für unsre Welt
    und läßt uns Gottes Heil verstehn
    zeigt was zu ändern ist
    und läßt ans Werk uns gehn
Evangelium heißt Befreiung

ZU MATTÄUS 19, 30

Sind wir die letzten, die glauben,
glauben an das, was war,
sind wir nur übriggeblieben,
übrig von dem, was war?
Andere sehn nur das Heute,
sehen nur das, was ist.
Sind wir die letzten, die glauben,
glauben an das, was war?

    Sind wir die ersten, die glauben,
    glauben an das, was wird,
    sind wir die Vorhut von morgen,
    Vorhut von dem, was wird?
    Andere sehn nur das Heute,
    sehen nur das, was ist.
    Sind wir die ersten, die glauben,
    glauben an das, was wird?

Weil einer an mich glaubt
so wie ich bin
darum kann ich glauben
so wie ich bin

Weil einer für mich starb
wer ich auch bin
darum darf ich leben
wer ich auch bin

Weil du o Gott mich liebst
so lang ich bin
darum will ich lieben
so lang ich bin

CREDO

Ich kann nicht denken,
    daß die Welt, in der wir leben,
    das Produkt blinder Zufälle ist.
Ich erkenne,
    daß es Gesetze und Strukturen gibt,
    Höherentwicklung und Zielstrebigkeit
    über die Jahrtausende hin. Einen tiefen
    Sinn in allem und ein Ziel,
    auf das alles zugeht.
Ich will glauben,
    daß dieses Geheimnis aller Welt,
    das auch mich hervorbrachte, das mich birgt,
    ein Angesicht hat,
    daß es um mich weiß und mich liebt, daß ich
    nicht austauschbar bin,
    daß ich nicht verloren sein werde.
Wir glauben an Gott, den allmächtigen Vater.

Ich kann nicht denken,
    daß die Menschen, mit denen wir leben,
    nur Illusionen nachträumen und daß sie
    um ihre Hoffnungen betrogen werden.
Ich erkenne in Jesus Christus
    das Bild des Menschen. Ich sehe in seinem Leben,
    daß es Wahrheit und Gerechtigkeit geben kann,
    ich erkenne, wieviel Güte und Liebe möglich
    ist und daß diese Möglichkeit
    von keiner Gewalt gebrochen, ja selbst
    durch den Tod nicht ausgelöscht werden kann.

Ich will glauben,
    daß Jesus lebt, daß sein Wort auch heute
    Menschen zum Leben ruft und befreit,
    daß in ihm schon sichtbar ist,
    was der Mensch der Zukunft sein wird,
    und daß wir sein Erscheinen erwarten dürfen,
    bis es aufleuchtet in allem.
Wir glauben an Jesus Christus, den Sohn, den Herrn.

Ich kann nicht denken,
    daß es vor allem darauf ankommen soll,
    seinen kleinen Vorteil zu haben.
Ich erkenne ja,
    daß ich gebraucht werde, daß so viel zu tun ist.
    Ich erkenne in mir — trotz aller
    Schwachheit — den Anruf und das Verlangen,
    mich einzusetzen, mich hinzugeben
    für eine kommende, eine bessere Welt.
Ich will glauben,
    daß der Geist Gottes sich durchsetzt
    und eine neue Erde schafft. Daß Gott sich
    ein Volk beruft, eine lebendige Kirche,
    ausgesandt, seine Sache voranzutreiben,
    Wahrheit zu ermitteln, Gerechtigkeit
    zu schaffen, Hoffnung zu wecken
    und Glück für alle möglich zu machen.

Ich will glauben, daß diese Gemeinschaft
einmal die Menschen aller Rassen und
Religionen umfaßt, daß alle Ungerechtigkeit
und alle Schuld überwunden werden
auf das kommende und ewige Heil hin.
Wir glauben an den Heiligen Geist,
    an die Kraft des göttlichen Lebens.

Es gibt Lieder und Gebete
von denen kommen wir her
selbst wenn sie uns nicht mehr passen
(zu klein oder zu groß geworden für uns?):
es waren unsere Gebete und Lieder
wir sollten sie uns nachsagen lassen

Es gibt Lieder und Gebete
zu denen sind wir unterwegs
selbst wenn wir noch nicht soweit sind
(zu klein oder zu groß noch für sie?):
es werden unsere Gebete und Lieder sein
wir sollten sie uns vorsingen lassen

Und es gibt Lieder und Gebete
von denen kommen wir her und
zu denen sind wir unterwegs in einem
das Credo zum Beispiel:
ich lernte es auswendig in der Schule
ich hoffe es gelernt zu haben inwendig
am Ende meines Lebens
damit ich an dem Anfang stehe
den es markiert

Viele sagen: Ich glaube an nichts.
Ich aber möchte glauben an Gott,
den Vater aller Menschen,
der Welten hervorbringt
und Menschen führt.

Viele sagen: Ich glaube an nichts.
Ich aber möchte glauben an Jesus,
den Bruder aller Menschen,
dessen Liebe niemand töten,
dessen Hoffnungen niemand begraben kann.

Viele sagen: Ich glaube an nichts.
Ich aber möchte glauben an den Geist,
das Verlangen aller Menschen,
der die Menschen zusammenführen und
das Angesicht der Erde erneuern will.

LIED ZUR TAUFERNEUERUNG

Im Wasser der Taufe hat Gott uns erwählt,
so sind wir zu seiner Gemeinde gezählt,
das Heil Gottes zu wirken, das Heil Gottes für alle

Es war ein Tag, da hat mich Gott gerufen,
es war ein Tag, da hat man mich getauft:
Du bist ein Christ, so gab man mir den Namen,
du bist ein Christ und sollst es immer sein!

Im Wasser der Taufe hat Gott uns erwählt,
so sind wir zu seiner Gemeinde gezählt,
das Heil Gottes zu wirken, das Heil Gottes für alle

Heut ist der Tag, da kann ich das erkennen,
heut ist der Tag, da sag' ich ja dazu:
Ich bin ein Christ, so nenn' ich meinen Namen,
ich bin ein Christ und will es immer sein!

Im Wasser der Taufe hat Gott uns erwählt,
so sind wir zu seiner Gemeinde gezählt,
das Heil Gottes zu wirken, das Heil Gottes für alle

Es kommt ein Tag, da will mich Gott vollenden,
es kommt ein Tag, da nimmt er meine Hand:
Du bist ein Christ, so nennt er meinen Namen,
du bist ein Christ und wirst es immer sein!

Im Wasser der Taufe hat Gott uns erwählt,
so sind wir zu seiner Gemeinde gezählt,
das Heil Gottes zu wirken, das Heil Gottes für alle

Einer, der sich verschenkte

MENSCHWERDUNG

Das Wort wird Fleisch:
    In einer Futterkrippe
    wimmert ein Menschenkind
    Das ist die Stimme der Stimmen

Das Wort wird Fleisch:
    Theorie wird Praxis
    Verheißung wird wahr
    der Traum wird Wirklichkeit

Das Wort wird Fleisch:
    Allmacht wird Ohnmacht
    die Liebe vermag alles
    Gott ist ein Mensch

LUKAS 9, 62

Wer die Hand an den Pflug legt
und schaut zurück
    in die große Zeit der Urkirche
    in die Zeit des hohen Mittelalters
    in die gute alte Zeit
    in die Zeit des Konzils
taugt nicht für das Reich Gottes

MATTÄUS 16, 13—15

Für wen
halten die Leute
den Menschensohn?
    Die einen für die zweite Person
    in der Gottheit. Andere für den
    Lehrer der wahren Humanität wie
    Gandhi oder Goethe. Wieder andere
    für den Sozialreformer, der für
    die Unterprivilegierten kämpfte,
    um die Gesellschaft zu verändern,
    wie Camilo Torres, Che oder sonst
    einer der Revolutionäre

Ihr aber
für wen
haltet ihr mich?

Das Kreuz des Jesus Christus
durchkreuzt was ist
und macht alles neu

Was keiner wagt, das sollt ihr wagen
was keiner sagt, das sagt heraus
was keiner denkt, das wagt zu denken
was keiner anfängt, das führt aus

Wenn keiner ja sagt, sollt ihr's sagen
wenn keiner nein sagt, sagt doch nein
wenn alle zweifeln, wagt zu glauben
wenn alle mittun, steht allein

Wo alle loben, habt Bedenken
wo alle spotten, spottet nicht
wo alle geizen, wagt zu schenken
wo alles dunkel ist, macht Licht

Das Kreuz des Jesus Christus
durchkreuzt was ist
und macht alles neu

Also ich kann mir
das gut vorstellen
wie der da auftaucht eines
Tages dieser junge Mann
aus Galiläa dieser wildgewordene
Schreiner mit seinen
radikalen Ansichten und
seinen zwölf Genossen
du brauchst sie dir
nur mal anzuschauen
diese ganze Jesuskommune
diese Fischertypen mit ihren
rauhen Manieren und dazu
die paar jungen Fanatiker
und die Flittchen drumherum
also ich würde mich schämen
wie die daherkommen
denen ist nichts heilig kein
Tempel kein Sabbat kein Gesetz
und nicht mal der Hohe Rat
dabei reden sie ständig
von Gott als wär er
so was wie ihr Papi
und alles wollen sie verändern
und auf den Kopf stellen
wenn man diesen Jesus
so reden hört
also das kann er wirklich

man könnte meinen
die betrachten nur die
Asozialen und den Abschaum
überhaupt noch als Menschen —
Also daß der Hohe Rat da
so zuschaut
da müßte mal was geschehen
da müßte mal ordentlich
durchgegriffen werden
und das nicht zu knapp

Wo, glaubt ihr, ist Jesus geboren
und wo kam er damals zur Welt?
 Seht her, in dem Stalle da draußen
 bei Hirten auf freiem Feld
 da wo man Besitzlose findet
 und Arme in unserer Welt.
  Nein, nicht in Palästen und Domen
  im Stalle kam er zur Welt.

Wo, glaubt ihr, hat Jesus geholfen
wohin hat er sich denn gestellt?
 Seht her, auf die Straßen da draußen
 zu Menschen, ums Leben geprellt
 da wo man die Rechtlosen bindet
 die Hilflosen in unsrer Welt.
  Nein, nicht vor die Institutionen
  er hat sich vor Menschen gestellt.

Wo, glaubt ihr, hat Jesus gehangen
wo hat man sein Kreuz aufgestellt?
 Seht her, auf dem Hügel da draußen
 bei Räubern, zu Tode gequält
 da wo man Gesetzlose schindet
 und Ketzergerichte abhält.
  Nein, nicht zu den Herren und Henkern
  er ward zu Rebellen gezählt.

Wo, glaubt ihr, ist er heut zu finden
wo ist's, wo er Jünger erwählt?
    Seht her, in den Ländern da draußen
    bei Völkern, vom Hunger gequält
    da wo man den Menschen verkündet
    den Anbruch der besseren Welt,
        und dort, bei den Unruhestiftern
        da ist's, wo er Nachfolger wählt.

JESUS

Die Wahrheit ist einfach
ein Wort
das befreit
das nachklingt
das mich ändert
eine Hand
auf meiner Schulter
Schwielenhand
die Brot bricht
warmer Atem an
meiner Schläfe
Blick
der mich sucht
Auge
das alles weiß

Was Jesus
für mich ist?
    Einer der
    für mich ist.

Was ich
von Jesus halte?
    Daß er
    mich hält.

Dem ärmsten Hund
dem verlassensten Luder
wurde er Bruder. —
So war es zu lesen
in einem Text, den einer
als Entwurf einsandte
im Wettbewerb für
neue Kirchenlieder.
Nein, hieß es, das
geht nicht — Luder, das
geht zu weit, das
sagt man einfach nicht.
Sagten sie damals
nicht ähnlich:
Jesus, das geht nicht,
diesen Menschen
Bruder sein, das geht
zu weit, das
macht man einfach nicht.
Aber er machte es.
Sein Leben reimte Bruder
auf Luder.
Er glaubte daran.
Er mußte dran glauben.

ECCE HOMO

Nicht der Machthaber —
der Ohnmächtige
den sie verlachten
hat an mich gedacht

Nicht der Gewinner —
der Verlierer
hat mich gewonnen

KREUZWEG

Vierzehn Stationen
vierzehn bis achtzehn
neununddreißig bis fünfundvierzig
seitdem Korea und Kongo
Jemen Sudan Israel
Biafra und Vietnam um
nur einige zu nennen
und kein Ende
und kein Friede
wieviele Stationen noch
Simon von Kyrene von Kambodscha
Simon kleiner Mann auf der Straße
hilf ihm tragen
die Schuld der Welt

GOLGOTA

Drei Räuber
kreuzigt man heute
auf Golgota:

Der linke nahm mir mein Geld
der rechte nahm mir mein Gut
der in der Mitte nahm mir meine Schuld

Auf Golgota
kreuzigt man heute
drei Räuber

FRAGEN

Wie man
nach Auschwitz
noch loben könne
Gott, der alles regieret
dies fragt sich und uns
und mit Recht
Frau Dorothee Sölle.

Doch wie man
noch loben könne
nach Auschwitz
den Menschen und reden
von Mitmenschlichkeit und
hoffen als Mensch auf den Menschen
dies, warum fragt sie dies nicht?

Vielleicht weil die
in den Gaskammern und Gräbern
weil Menschen waren die Opfer.
Doch der sich opferte auf Golgota
war der nicht Gottes Sohn?

EINER

der sich verschenkte
der gab, was er hatte
der Brot wurde
und Wein
ein Stück Brot
ein Schluck Wein
für alle
die hungern und dürsten
nach Brot
nach Liebe
nach Gerechtigkeit

Seht
welch ein Mensch
der sich nehmen ließ
brechen, kauen
aufzehren
Stück um Stück
Tag um Tag
schlucken, schlürfen
ausnutzen, austrinken
bis zum letzten
Tropfen seines Blutes

bis alles
vollbracht war
und leer
das Grab

Ja dieser
war Gottes Sohn

Höchste Ehre Gottes ist
    ein Mensch, der liebt
einen kenn' ich, Jesus Christ
    ein Mensch, der liebt
der mein Weg geworden ist
    ein Mensch der liebt

Der nahm auf sich unsre Not
    ein Mensch, der liebt
der stand auf aus allem Tod
    ein Mensch, der liebt
der gab sich als ein Stück Brot
    ein Mensch, der liebt

Höchste Ehre Gottes ist
    ein Mensch, der liebt
darum nenne ich mich Christ
    ein Mensch, der liebt
daß sein Weg der meine ist
    ein Mensch, der liebt

Brot teilen miteinander

Wir teilen Brot und teilen Wein
laßt uns des Herrn Gemeinde sein
und miteinander fröhlich sein
und teilen Brot und teilen Wein

Immer wieder decken wir den Tisch
an dem man
die Lichter entzündet der Hoffnung
und das Buch aufschlägt
mit der Botschaft des Lebens

Immer wieder den Tisch
an dem man
das weiße Brot bricht und teilt
in gleiche Teile und ißt
an dem man
den roten Wein trinkt
miteinander

Immer wieder den Tisch
an dem man
erinnert was damals geschah
und das Kommende einübt
schon heute und hier

Geheimnis des Glaubens
Gastmahl des Friedens
der Herr ist bei uns

Das Weizenkorn muß sterben,
sonst bleibt es ja allein,
der eine lebt vom andern,
für sich kann keiner sein.

>Geheimnis des Glaubens:
>Im Tod ist das Leben!

So gab der Herr sein Leben,
verschenkte sich wie Brot.
Wer dieses Brot genommen,
verkündet seinen Tod.

>Geheimnis des Glaubens:
>Im Tod ist das Leben!

Wer dies Geheimnis feiert,
soll selber sein wie Brot,
so läßt er sich verzehren
von aller Menschennot.

>Geheimnis des Glaubens:
>Im Tod ist das Leben!

Als Brot für viele Menschen
hat uns der Herr erwählt,
wir leben füreinander,
denn nur die Liebe zählt.

>Geheimnis des Glaubens:
>Im Tod ist das Leben!

Seht, das Brot, das wir hier teilen
das ein jeder von uns nimmt
ist uns von dem Herrn gegeben
immer will er bei uns sein

Seht, das Brot, das wir hier teilen
das ein jeder von uns nimmt
ist ein Brot, das soll gehören
allen Hungernden der Welt

Seht, der Kelch, den wir jetzt teilen
den ein jeder von uns nimmt
ist ein Zeichen für den Frieden
für den Bund in Christi Blut

Seht, der Kelch, den wir jetzt teilen
den ein jeder von uns nimmt
mahnt uns, daß auch wir versöhnen
und verbinden, was getrennt

Seht, was wir heut hier vollziehen
was wir miteinander tun
will den Tod des Herrn bezeugen
bis er wiederkommt in Kraft

Seht, was wir heut hier vollziehen
was wir miteinander tun
will uns neu mit ihm verbünden
daß wir tun, was er getan

Alle Menschen, die es gibt
wollen glücklich sein
keiner hat das Glück für sich
keiner lebt allein

Jeder gibt ein kleines Stück
gibt sein Teil zum Brot
gibt sein Glück und seine Kraft
und auch seine Not

Einer gab sich selber ganz
in die Todesqual
er stand auf in Herrlichkeit
und hält mit uns Mahl

Jeder nimmt ein kleines Stück
und empfängt das Brot
lebt so aus der andern Kraft
und teilt ihre Not

Alle sind so in dem Herrn
als sein Leib geeint
so geschieht die Kommunion
Gottes Reich erscheint

Wir sind an einem Tisch vereint
und so essen wir von dem Brot
Lebensbrot für die Menschen alle
Wir verkünden den Tod des Herrn
bis er kommen wird in Herrlichkeit

Wir sind in einem Leib vereint
und so trinken wir aus dem Kelch
Friedenskelch für die Menschen alle
So bezeugen wir, daß er lebt
daß er kommen wird in Herrlichkeit

Wir sind zu einem Volk vereint
und so laden wir ein zum Mahl
Freudenmahl für die Menschen alle
wir erwarten die neue Welt
wenn er kommen wird in Herrlichkeit

Seine offene Hand
reicht das Brot
teilt es an uns aus

Seine offene Hand
Hammerschlag
treibt den Nagel ein

Meine offene Hand
nimmt das Brot
auch den Hammerschlag?

Ein Stück Brot
in meiner Hand
mir gegeben

    daß ich lebe
    daß ich liebe
    daß ich Speise bin
    für die andern

Ein Schluck Wein
in meinem Mund
mir gegeben

    daß ich lebe
    daß ich liebe
    daß ich Trank bin
    für die andern

Seht, wir feiern das Mahl
als ein Zeichen des Glaubens
in dem Brot, das wir sehn
ist er mitten unter uns
> Das ist mein Leib, sagt der Herr, alleluja,
> für das Heil der Welt, alleluja,
> nehmt ihn hin und eßt davon gemeinsam!

Seht, wir feiern das Mahl
als ein Zeichen der Hoffnung
dies lebendige Brot
das ist Kraft für unsern Weg
> Das ist mein Leib, sagt der Herr, alleluja,
> für das Heil der Welt, alleluja,
> nehmt ihn hin und eßt davon gemeinsam!

Seht, wir feiern das Mahl
als ein Zeichen der Liebe
wenn wir teilen das Brot
werden wir zu einem Leib
> Das ist mein Leib, sagt der Herr, alleluja,
> für das Heil der Welt, alleluja,
> nehmt ihn hin und eßt davon gemeinsam!

Seht, wir feiern das Mahl
als ein Zeichen des Lebens
denn wir gehn in den Tod
und wir leben doch in ihm
> Das ist mein Leib, sagt der Herr, alleluja,
> für das Heil der Welt, alleluja,
> nehmt ihn hin und eßt davon gemeinsam!

Wir wollen heut ein Mahl feiern
miteinander
und jeder
soll an Jesu Tod und
Auferstehung denken

Wir wollen dann sein Brot teilen
miteinander
und jeder
soll ein Stück empfangen
und davon essen

Wir wollen selber Brot werden
füreinander
und jeder
soll sich eine Scheibe
abschneiden können

Was ich sehe — gehört den Blinden
Was ich habe — den Habenichtsen
Was ich hoffe — den Hoffnungslosen
Ich gehöre den andern
Ich bin Speise
und Trank.

Wenn ich rede — dann für die Stummen
Wenn ich gehe — dann für die Lahmen
Wenn ich stark bin — dann für die Schwachen
Denn ich lebe für viele
Ich bin Speise
und Trank.

Wir alle essen von einem Brot
wir alle trinken aus einem Kelch
so hat es der Herr zuerst getan

Wir alle essen von einem Brot
wir alle trinken aus einem Kelch
der Herr ist bei uns und wir sind sein

Wir alle essen von einem Brot
wir alle trinken aus einem Kelch
Herr hilf uns zu teilen was du schenkst

Wir alle essen von einem Brot
wir alle trinken aus einem Kelch
wann kommst du o Herr in Herrlichkeit?

Immer bist du nah

VERHEISSUNG

Menschen
die aus der Hoffnung leben
sehen weiter

Menschen
die aus der Liebe leben
sehen tiefer

Menschen
die aus dem Glauben leben
sehen alles
in einem anderen Licht

Herr, du bist da, wenn wir uns hier versammeln,
Herr, du bist nah, wir tragen deinen Namen,
du bist mitten unter uns.

Herr, du bist da, wenn wir als Freunde leben,
Herr, du bist nah, du bist, was uns verbindet,
du bist mitten unter uns.

Herr, du bist da, wenn wir für andre sorgen,
Herr, du bist nah, du öffnest uns die Augen,
du bist mitten unter uns.

Herr, du bist da, wenn wir nicht stehen bleiben,
Herr, du bist nah, du treibst uns an zum Gehen,
du bist mitten unter uns.

Herr, du bist da, wenn wir gemeinsam hoffen,
Herr, du bist nah, du bist die Zukunft selber,
du bist mitten unter uns.

Wir sprechen verschiedene Sprachen
Wir wohnen hier oder dort
Wir tragen verschiedene Namen
    Wir hören dasselbe Wort

Wir leben mit vielerlei Sorgen
ein jeder hat seine Not
ein jeder geht eigene Wege
    Wir teilen dasselbe Brot

Wir denken verschieden von morgen
Wir fürchten und hoffen zugleich
Wir stellen uns Fragen um Fragen
    Wir sagen: Es komme dein Reich!

Wenn wir uns dein Wort verkünden
wenn wir hören, wenn wir fragen
wenn wir uns im Glauben finden
und darauf zu leben wagen —
    immer bist du nah.

Wenn gemeinsam Brot wir brechen
um dein Wirken zu verstehen
wenn wir von dem Auftrag sprechen
und dann auseinandergehen —
    immer bist du nah.

Wenn wir Krieg und Unrecht sehen
und für Frieden demonstrieren
wenn wir auf die Straße gehen
und die Zukunft diskutieren —
    immer bist du nah.

Wenn wir zueinander stehen
hungern nach Gerechtigkeit
wenn wir Menschen elend sehen
und zu helfen sind bereit —
    immer bist du nah.

Wo man andere liebt,
ist der Ort der Gemeinde,
die sich nach Christus nennt.
    Wie er soll sie teilen
    ihr Leben und heilen
    die Kranken und Krummen
    die Blinden und Stummen
    sie soll sich erbarmen
    der Schwachen und Armen
        Wo die Liebe geschieht,
        hat das Elend ein Ende,
        da wird die Erde neu.

Wo man Unrecht bekämpft,
ist der Ort der Gemeinde,
die sich nach Christus nennt.
    Wie er soll sie sprechen
    für Recht und zerbrechen
    die Herrschaft der Klassen
    die Allmacht der Kassen
    den Dünkel der Rassen
    den Stumpfsinn der Massen
        Wo Gerechtigkeit wird,
        hat das Elend ein Ende,
        da wird die Erde neu.

Wo Versöhnung geschieht,
ist der Ort der Gemeinde,
die sich nach Christus nennt.

Wie er soll sie künden
Vergebung der Sünden
inmitten von Waffen
soll Frieden sie schaffen
versöhnen die Feinde
als seine Gemeinde
    Wo der Friede entsteht,
    hat das Elend ein Ende,
    da wird die Erde neu.

Manche meinen
es lohne nicht mehr
sich zur Kirche zu zählen
es bringe nichts ein
auch sei es in keiner
Weise modern

Doch
was bin ich
ohne die Kirche
ich lebe nicht frage nicht
atme nicht glaube nicht
ohne sie

Ihr danke ich
was ich bin und
weiß und erhoffe
dieser heiligen
unheiligen Kirche aus
Staub und Licht
und all diesen Menschen
vor mir
und neben mir

Nichts wünsche ich
so sehr als
weiterzugeben
das Wort und das Brot

und das gekreuzigte
siegreiche Leben
an Menschen die
nach mir kommen
wer sie auch sind
wo sie auch leben und
wie auch immer sie ihr
Halleluja formulieren

SEGEN

Herr, segne uns, laß uns dir dankbar sein
    laß uns dich loben, solange wir leben
    und mit den Gaben, die du uns gegeben
    wollen wir tätig sein

Herr, geh mit uns und laß uns nicht allein
    laß uns dein Wort und dein Beispiel bewahren
    in der Gemeinde deine Kraft erfahren
    laß uns wie Brüder sein

Herr, sende uns, laß uns dein Segen sein
    laß uns versuchen, zu helfen, zu heilen
    und unser Leben wie das Brot zu teilen
    laß uns ein Segen sein

Wir gehen und hoffen

»Heute den demokratischen Menschen
besingen oder den marxistischen etwa,
das ist keine Sache für mich,
so besinge ich denn Ziegen.«
    Meinte der Beatpoet
    Paul Blackburn aus Amerika.
Ich meinerseits schlage das Lamm vor
das geschlachtete Lamm (Offenbarung fünf)
das würdig ist zu empfangen
Macht und Reichtum und Weisheit
und Kraft und Ehre und Lobpreis
und Herrlichkeit in Ewigkeit.

Gott ist tot
wußte ein Pater im Rundfunk
zur besten Sendezeit
zu vermelden
Was soll's
Er ertrank doch längst
in der Tinte der Theologen
erstickte an all dem Blabla
und wurde begraben unter
so viel unnützem Papier
der alte traute
der Rauschebartvater
der Karl Marx der Religion
die Hilfsvorstellung ist lange aus
spärlicher Beifall
der Vorhang zerriß

Schade höchstens um
den Stimmaufwand des Paters
und die beste Sendezeit
Ich wüßte da bessere Themen
das Leben zum Beispiel
und den Lebendigen:

Ihr Stimmbänder und Ihr Tonbänder
preiset den Herrn
ihr Sendeminuten alle
preiset den Herrn!

Du hinter uns
    hinter allem, was war
    Kraft, die hervorbringt
    die Leben will
    Entfaltung

Du in uns
    in allem, was ist
    Kraft, die durchdringt
    die Reifung will
    Verwandlung

Du vor uns
    vor allem, was wird
    Kraft, die vorantreibt
    die Liebe will
    Vollendung

Beten
indem man atmet
nachdenkt die Augen
schließt sich verwahrt
sich auftut und schaut
plant organisiert es
gut machen will
die Sache einrenkt
weiterdenkt
Beten im Gehn
auf eigenen Beinen
auf dieser Straße
in und mit dieser Welt
Gebet als Arbeit
die Phantasie und die
schwielige Hoffnung
die Aufmerksamkeit
der innere Ruck
das Telefongespräch
oder am Reißbrett am
Schalter am Schreibtisch
die Feile in der Hand
die Schürze um
Beten im Alltag
in allem und jedem
zu Hause das Glück das
Glas in der Hand
Umarmung im Schweiß

Gebet mit der Haut
mit den Fingern der Zunge
geflüstert gestreichelt
verströmende sich
vergessende Andacht
das Einssein der Puls
die Mitternachtsmette
und der Morgen in Grau
das Augenreibgebet
auf ein Neues mach's gut
und ach Gott und nur so
und doch
einfach Vertrauen

Du sollst dir kein
Bildnis machen von mir
kein Gottesbild aus Geheimnis
und Gold und Gefühl
kein Kultbild kein Kunstbild
kein Bild deiner Wünsche
und Ängste Projektionen nicht
deiner Seele kein Sehnen
kein Oben und Drüben und
Drüberhinaus kein Nochnicht
und Nichtmehr kein Damalsgott
auch nicht das Uhrmacherbild
vom Ordner vom Lenker vom
Einfädler der alles so herrlich
regieret der alles und jedes
und noch etwas kann oder weiß
kein Maß kein Vergleich kein Begriff
kein Wort das festlegt nein
kein Bildnis sollst du
dir machen von mir
der aus Nazareth genügt und
der Geringste seiner Brüder

DU

Unerkannter
Unerkennbarer
Undenkbarer
Unvorstellbarer
Unerreichbarer
Unbegreifbarer
Unaussprechbarer
Unnennbarer
Unsagbarer
Unsichtbarer
Unhörbarer
Unmeßbarer
Unteilbarer
Unbeschreibbarer
Unfaßbarer

Kein Ding
Keine Sache
Kein Gegenstand
Kein Objekt
Kein Thema
Kein Problem
Kein Über
Kein Unter
Kein Neben
Kein Außen
Kein Innen
Kein Es
Kein Er

Du

DAS UNAUFHÖRLICHE LOBLIED

Dir zur Ehre
laßt uns singen
in der Höhe
in der Tiefe
hier auf Erden
mit den Menschen
deiner Gnade
auf den Knien
und im Tanzen
laßt uns singen
laßt uns loben
laßt uns leben
laßt uns atmen
in der Freude
unter Tränen
alle Tage
so wie gestern
so auch heute
und auch morgen
laßt uns singen
alle Zeiten
und für immer

bis wir sterben
laßt uns singen
wenn wir sterben
laßt uns singen
dir gehören
wenn wir sterben
laßt uns singen
laßt uns leben
dir zur Ehre
(usw.)

SIEGHAFTE GNADE

unausstehlich
unzumutbar
unwahrscheinlich
undenkbar
unverständlich
unerkennbar
unbegreiflich
unsichtbar
unmerklich
unscheinbar
unerklärlich
unübersehbar
unbeschreiblich
unausdenkbar
unwiderstehlich
unfaßbar
unausschöpflich
unbesiegbar

DEIN WORT

Es kommt die Zeit
es geht die Zeit
man stellt die Uhren nach der Zeit
es wechseln die Namen der Stunden
Doch wenn auch die Zeiten verwehn
dein Wort bleibt bestehn

Es weht der Wind
es dreht der Wind
man hängt die Fahnen nach dem Wind
es wechseln die Farben der Fahnen
Doch wenn auch die Fahnen sich drehn
dein Wort bleibt bestehn

Es steht ein Haus
es stürzt ein Haus
man wohnt nur kurz in seinem Haus
es wechseln so rasch die Adressen
Doch wenn auch die Dinge vergehn
dein Wort bleibt bestehn

EINES TAGES

Eines Tages
wenn die Kindergartenkinder von den
    lustigen Handwerkern singen
wenn die blonde Verkäuferin im Kaufhof
    die Krawatten sortiert
wenn die Sitzung der Handwerkskammer beginnt
wenn die Waschmaschinen laufen
wenn Zeitung gelesen und telefoniert und
    Bier getrunken wird
wenn man Rechnungen schreibt und
    liebt und schläft
wenn es auf der Autobahn nach Köln
    zu keinen ernsthaften Behinderungen kommt
Wenn alles ganz wie immer ist
werde ich mich noch einmal aufbäumen
    und sterben

Eines Tages werde ich mich aufbäumen
    und sterben
und die Kindergartenkinder werden von den
    lustigen Handwerkern singen
und die blonde Verkäuferin im Kaufhof
    wird die Krawatten sortieren
und die Sitzung der Handwerkskammer wird beginnen
und die Waschmaschinen werden laufen

und es wird Zeitung gelesen und telefoniert und
    Bier getrunken
und man wird Rechnungen schreiben und
    lieben und schlafen
und auf der Autobahn nach Köln wird es
    zu keinen ernsthaften Behinderungen kommen
und alles wird wie immer sein
wenn ich gestorben bin
eines Tages

ALPTRAUM

Stein im Brett
wissen wie es gemacht wird
du wirst erwartet
so viel ist sicher

Das Gesicht aus Gold
Feuerschwingen
nur nicht zeigen dem Engel
daß du Angst hast

Stein auf dem Brett
spiele dein Spiel
keine Fragen mehr
du hast verloren

HOFFNUNG

Nein
ich bin meiner Sache nicht sicher
was das Ende betrifft
das Sterben das Grab das Vergehn
und den unaufhaltsamen Tod
der mich aufzehren wird
und austilgt für immer
daran ist kein Zweifel

Und doch bin ich manchmal nicht sicher
und zweifle am Augenschein
und denke nach
ob nicht doch etwas bleibt
von dem was ich war ob nicht doch
im grauen Geröll in dem Staub
in dem Tod eine Spur sich
unvergessen erhält
ob nicht doch einer ist
der mich ruft mit Namen vielleicht
der mir sagt daß ich bin
daß ich sein soll für immer
und leben werde mit ihm

Nein
ich bin meiner Sache nicht sicher
was das Ende betrifft und den Tod
gegen den Augenschein
hoff' ich auf Ihn

REQUIEM FÜR A. S.

Der die Hände
nicht falten wollte
all die Jahre
nun liegt er da
die Hände gefaltet.

Wer tat sie zuletzt
ihm zusammen?
Wer zauberte das
Lächeln auf sein Gesicht?
Wer wandelte es
in Wachs und formte daraus
die Stille des Schlafes?

So liegt er
die Hände gefaltet
bis er zerfällt
und Erde wird
bis er zurückkehrt
als Staub zu Staub
als Asche zu Asche
und heimkehrt vielleicht
als Sohn.

LIED VON TOD UND LEBEN

Wir sind mitten im Leben
zum Sterben bestimmt
was da steht, das wird fallen
der Herr gibt und nimmt

Wir gehören für immer
dem Herrn, der uns liebt
was soll uns auch geschehen
er nimmt und er gibt

Wir sind mitten im Sterben
zum Leben bestimmt
was da fällt, soll erstehen
er gibt, wenn er nimmt

LIED ZUR BEERDIGUNG

Weder Tod noch Leben trennen uns von Gottes Liebe,
die in Jesus Christus ist

> Wenn ich gestorben bin
> und verloren
> wird man mich senken
> in deine Erde

> Wenn ich verloren bin
> und verlassen
> wirst du mich halten
> in deinen Händen

Weder Tod noch Leben trennen uns von Gottes Liebe,
die in Jesus Christus ist

> Wenn ich verlassen bin
> und vergessen
> wirst du mich nennen
> bei meinem Namen

> Wenn ich vergessen bin
> und vergangen
> wirst du mich bergen
> in deiner Treue

Weder Tod noch Leben trennen uns von Gottes Liebe,
die in Jesus Christus ist

Wo ist die Grenze
wo stehn die Schranken
wo wird kontrolliert?

Was wird man fragen
was will man wissen
was hab' ich bei mir?

Wie ist es drüben
wie leb' ich weiter
wie weis' ich mich aus?

Was ist dort wichtig
was heißt dort Liebe
Wer bürgt dann für mich?

Wir kommen und gehen
Wolken im Wind
wer kann es verstehen
wozu wir sind?

Wir kommen und gehen
Spuren im Sand
die Spuren verwehen
keinem bekannt

Wir gehen und wandern
wer treibt uns voran
von einem zum andern
wer zieht uns an?

Wir gehen und hoffen
gegen den Schein
die Zukunft ist offen
sind wir nicht sein?

möchte
manchmal fliegen
eine Feder sein

möchte
manchmal dauern
liegen wie ein Stein

und so
baue ich mein Haus
Stein um Stein

und so
tauche ich in Träume
meine Feder ein

Wie ein Traum wird es sein
wenn der Herr uns befreit
zu uns selbst und zum Glück
seiner kommenden Welt

Der Blinde blinzelt in die Sonne
dem Tauben verrätst du ein Wort und er nickt
wer stumm gewesen spricht die Wahrheit
der lahme Mann schiebt seinen Rollstuhl nach Haus

Geduckte heben ihre Köpfe
Enttäuschte entdecken: Die Welt ist so bunt
Verplante machen selber Pläne
die Schwarzseher sagen: Es ist alles gut

Die Alleswisser haben Fragen
der Analphabet liest die Zeichen der Zeit
wer nichts besitzt spendiert für alle
die Herrschenden machen sich nützlich im Haus

Wie ein Traum wird es sein
wenn der Herr uns befreit
zu uns selbst und zum Glück
seiner kommenden Welt

Wir leben
in der Stille
vor dem Sturm

in dem Sturm
vor der Stille
leben wir

INHALT

(Genannt sind die Überschriften, sonst die Textanfänge)

VORWORT 5

Schreiben und Sagen 9
Wie, wozu, was solls 10
Die Tagesration 11
Glühende Kohle wird zur Schlacke
  12

WÄHREND UNSERES MITTAG-
  ESSENS 13

Bitte selbst eintragen 15
Es ist nicht schwer 16
Unterschied 17
Transportproblem 18
An einem Juniabend im schönen
  Westerwald 20
Das Lied vom einen Haus 21
Hunger in der Welt 22
Der Fremdenführer erzählt 24
Möglicherweise oder das Lied von
  den Armen und Reichen 26
Anzeige 28
In unsrer Welt 30
Zweierlei 31
15 Uhr 32
Thema Indien 33
Dank 34
Die Empörung Gottes 35

MAN MÜSSTE WAS ÄNDERN
  37

Zu sagen, man müßte was sagen
  39
Wohin man schaut – Song 40

Auf dem Wege 42
Was können wir 44
Christus heute 45
Herr, öffne uns 47
Das Lied von der Veränderung
  der Welt 49
Wenn da kommt 50
Die Niedrigen 51
Umkehr I 52
Umkehr II 53
Umkehr III 54
Vereinfachung 55
Das Gewissen 56
Schwarzweiß 57
Siebzig Mal sieben Mal 58

TOT IST NICHT MEHR TOT 59

Ostersonntag 61
Kalauer 63
»Was ist nach dem Tod?« Oster-
  Umfrage unter Straßenpassan-
  ten 64
Auf die Frage 65
Lieber Apostel Paulus 66
Man sagt 67
Osternacht 68
Sucht den Lebenden 70
Osterlied 72

WENN DIE ELTERN WÜSSTEN
  73

Weißer Sonntag 75
Am schönsten Tag 76

Anfang und Ende 77
Wenn die Eltern 78
Fronleichnam 79
Kollekte 80
Kirchgang an Himmelfahrt 81
Unterwegs 82
Pfingsten 83
Pfingstsonntag 84
Wozu soll das gut sein? 85
Pfingstlied heute 86

MIT FRAGEZEICHEN GEPFLA-
STERT 87

O du fröhliche 89
Menschliche Begegnung 90
Machen wir 91
Gleichzeitig 92
Parallel 93
Heerscharengott 94
Gottesdienst 96
Schwierigkeit 97
Feindesliebe 98
Wir 99
Friede ist möglich 100
Die Taube 102
Niemals 103
Drei Möglichkeiten 104
Friedensgruß vor der Kommu-
    nion 105
Werbefunk 106
Makkaronifresser 107
Kaum auszudenken 109

DENKT NACH, FREUNDE 111

Lernen 113
Hauptsache 114
Der erste sein 115
Schwierig 116

Ich, ich kann 117
Inkompetent 118
Denkt nach 119
Modemuffel 121
Die Zeiten ändern sich 122
Entwicklung 123
Die tägliche Rede an die Jugend.
    Gehalten so oder ähnlich in
    zahllosen Wohnungen 124
Versuch, das Weltbild einer Un-
    tersekunda vordergründig zu
    beschreiben 125
Guter Rat zur linken Zeit 126
Anwandlung 127
Wachstum 128
Das Lied vom Schrott 129
Anweisung für Durchreisende
    130
Freigebig 131
Die Luft 132
Täglich 133
Falscher Alarm 134
Was wir brauchen 135
Kein Zweifel, das kommt 136
Demnächst 137
Verehrung 138
Wozu auch? 139
Heute gilt 140

UND SPÜRE NICHTS VON DIR
141

Alltäglich denke ich 143
Es gibt auf Erden 144
Wir reden so viel von unserm
    Gott 145
Wir denken an dich 146
Wir sehen den Wald vor den
    Bäumen nicht 147
Ich habe vielleicht einmal nicht
    gebetet 148

In der Auslage 149
Ich lebe Tag um Tag 150
Wenn du glaubst 151
Abend 152
Alltägliche Reden an Gott. Vor
   einer öffentlichen Fernsprech-
   zelle notiert 153
Bastelstunde 154
Wohin ist Gott? 155
Wie komme ich zu Gott? 156
Ich glaube nur 157
Gott ist lange tot 158
Einen ganzen Tag lang im Som-
   mer 159
Strahlen der Sonne 160
Wenn du beten willst 161
Ich bin Atheist 162

HIER IST EIN TURM UND
   DORT IST EIN TURM 163

Trimm dich durch Kirchgang
   165
Allgemein 167
Betrübt 168
Das Lied von den zwei Türmen
   170
Vielleicht 171
Frage 172
Konsequenzen 173
Gedanke 174
Festliche Anlässe 175
Pfarrgemeinderat 176
Zum Olympiajahr in Bayern
   177
Fortschritt 178
Günstige Preise 179
Kleine Bitte an Rom 180
Käse 181
Ruf der Stunde 182
Aktuell 183

Vorschläge, den Gottesdienst zu
   verändern 184
Demokratisierung der Kirche 186
Unbeirrte Verkündigung 187
Aussichten 188
Frage 189
Nach einer Meßfeier in L. notiert
   190
Experiment 191
Wörter sammeln 192
An die Jungen 194

WERDEN GERECHTE GESUCHT
   195

Und das, Freunde, soll nun 197
Oft höre ich sagen 198
In der Kirche sehn viele heut
   199
Es ist also wieder mal chic 200
Die Schwalbe macht noch keinen
   Sommer 201
Gesetzt den Fall: Wir haben
   einen Glauben 202
Herr, mache deine Kirche 203
Die Kirche als Hindernis 204
Mißverständnis 205
Exodus 206
Inkonsequent 207
Minderheit 208
Genesis 18, 20–32 209
Selbst wenn wir keine Kirche
   mehr haben 211
Kennst du eigentlich unter dei-
   nen Freunden 212

SAG, WOFÜR LEBST DU? 213

Wir wollen alle glücklich sein
   215

Menschen haben viele Fragen 216
Geheimnis über uns 217
Sag, warum glaubst du? 218
Zwischen dir und mir 219
Kleines Liebeslied 220
Die sieben Schwüre. Ein Hochzeitslied 221
Flitterwochen 222
Zwei Menschen 223
Tauflied 224
Segenslied über ein Kind 226
Lied zur Taufe 228
Psalm 139 229
Ich schäme mich 230

SIND WIR DIE LETZTEN, DIE GLAUBEN? 231

Wir haben diskutiert 233
Zwischenergebnis 234
Ich setze mich zur Lesung 235
O Herr, das ist so lange her 236
Worauf sollen wir hören? 237
Evangelium heißt Befreiung 238
Zu Mattäus 19, 30 239
Weil einer an mich glaubt 240
Credo 241
Es gibt Lieder und Gebete 244
Viele sagen: Ich glaube an nichts 245
Lied zur Tauferneuerung 246

EINER, DER SICH VER- SCHENKTE 249

Menschwerdung 251
Lukas 9, 62 252

Mattäus 16, 13—15 252
Das Kreuz des Jesus Christus 253
Also ich kann mir das gut vorstellen 254
Wo, glaubt ihr, ist Jesus geboren? 256
Jesus 258
Was Jesus für mich ist? 259
Dem ärmsten Hund 260
Ecce homo 261
Kreuzweg 262
Golgota **263**
Fragen 264
Einer 265
Höchste Ehre Gottes 267

BROT TEILEN MITEINANDER 269

Wir teilen Brot 271
Immer wieder decken wir den Tisch 272
Das Weizenkorn muß sterben 273
Seht, das Brot, das wir hier teilen 274
Alle Menschen, die es gibt 275
Wir sind an einem Tisch vereint 276
Seine offene Hand 277
Ein Stück Brot in meiner Hand 278
Seht, wir feiern das Mahl 279
Wir wollen heut ein Mahl feiern 280
Was ich sehe — gehört den Blinden 281
Wir alle essen von einem Brot 282

IMMER BIST DU NAH 283

Verheißung 285
Herr, du bist da 286
Wir sprechen verschiedene Sprachen 287
Wenn wir uns dein Wort verkünden 288
Wo man andere liebt 289
Manche meinen, es lohne nicht mehr 291
Segen 293

WIR GEHEN UND HOFFEN 295

Heute den demokratischen Menschen 297
Gott ist tot, wußte ein Pater 298

Du hinter uns 299
Beten indem man atmet 300
Du sollst dir kein Bildnis machen 302
Du 303
Das unaufhörliche Loblied 304
Sieghafte Gnade 306
Dein Wort 307
Eines Tages 308
Alptraum 310
Hoffnung 311
Requiem für A. S. 312
Lied von Tod und Leben 313
Lied zur Beerdigung 314
Wo ist die Grenze? 315
Wir kommen und gehen 316
Möchte manchmal fliegen 317
Wie ein Traum wird es sein 318
Wir leben in der Stille 319

QUELLENHINWEIS:

Die Texte auf den Seiten 26/27, 35/36, 49, 203, 253, 274, 282, 288, 307, 313 und 318 sind Eigentum der Burckhardthaus-Verlag GmbH in Gelnhausen; mit deren freundlicher Genehmigung wurden sie dem Werk „Schalom. Ökumenisches Liederbuch" (Burckhardthaus-Verlag/Verlag J. Pfeiffer) entnommen.

Weitere „Texte der Zuversicht" von Lothar Zenetti enthält die neue Sammlung
SIEBEN FARBEN HAT DAS LICHT
Neue Texte für den einzelnen und die Gemeinde.

Ebenso verweisen wir auf das kürzlich erschienene
GÄSTEBUCH DES LIEBEN GOTTES
Gemeinde zwischen Wunsch und Wirklichkeit.

Beide im Verlag J. Pfeiffer, 8000 München 2